KIIP

사회통합 프로그램

한국어 한국문화 어휘&문법집

저자 정유진

한글파크

머리말

이 책은 국내 체류 이민자를 대상으로 하는 사회통합프로그램(KIIP) 4단계 <한국어와 한국문화 - 중급2>의 어휘와 문법에 대한 이해를 돕기 위해 만든 어휘·문법 교재입니다. 실제로 4단계 수업에서 다양한 수준의 한국어 학습자들을 만나게 되는데 초급 단계에서부터 차근차근 올라온 학습자, 일을 하면서 자연스럽게 한국어를 터득한 학습자, 대학 기관에서 한국어를 배운 학습자, 한국어를 스스로 독학한 학습자 등이 모여 한 반을 이루게 됩니다. 다양한 문화 주제를 통해 한국 사회를 이해하고 적응하는 데 필요한 내용을 '제대로' 습득하기 위해서는 학생과 교사 모두의 의지와 노력이 필요하며, 주제와 관련된 어휘와 문법에 대한 이해도 필수적입니다. 그러나 중급 단계를 공부하는 학습자들은 더 복잡한 문장 구조와 다양한 표현 방법에 직면하게 됩니다. 이 책은 이러한 어려움을 극복하고자 중급 학습자들이 자신의 학습 능력을 향상시킬 수 있도록 구성되었습니다.

『사회통합프로그램(KIIP) 한국어 한국문화 어휘·문법집 (중급2)』는 학습자들이 각 장에 수록된 어휘와 문법을 통해 일상생활과 사회적 상황에서 자신의 의사를 표현하고 의사소통을 원활히 할 수 있는 능력을 키우는 데 도움이 될 것입니다. 더 나아가 그 다음 단계인 <한국사회 이해>를 효율적으로 습득할 수 있는 밑거름이 될 것입니다. 이 책이 학습자들에게 가장 신뢰할 수 있는 학습 동반자로서 가치 있게 활용되기를 희망하며 다문화 사회통합에 일조할 수 있기를 기대해 봅니다.

사회통합프로그램 수업 운영에 최선을 다할 수 있도록 항상 아낌없이 도움을 주시는 동국대 이주다문화통합연구소 서은숙 소장님과 성기욱 교수님 그리고 숙명여대 아시아여성연구원 강유선 선생님께 감사의 마음을 표현하고 싶습니다. 그리고 지난 9년 동안 행복하게 한국어 수업을 할 수 있도록 큰 힘이 되어준 우리 학생들에게도 고마운 마음을 전하고 싶습니다.

마지막으로 제가 하는 일을 늘 자랑스럽게 여기시고 매일 저를 위해 기도하시는 부모님과 가족들, 소중한 나의 친구들, 평생 동반자 준희에게 고마운 마음과 사랑을 전하고 싶습니다. 그리고 이 책이 나오기까지 많은 도움을 주신 한글파크의 엄태상 대표님, 양승주 차장님, 조성민 대리님과 한국어 편집부에도 감사드립니다.

2023년 7월

저자 정유진

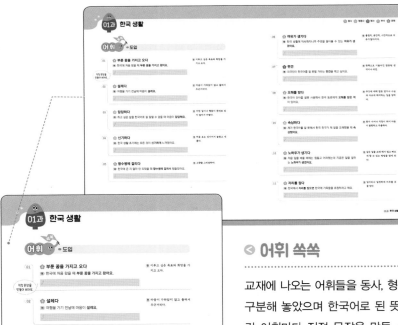

어휘 쏙쏙

교재에 나오는 어휘들을 동사, 형용사, 명사 등의 품사를
구분해 놓았으며 한국어로 된 뜻과 예문을 제시하였다.
각 어휘마다 직접 문장을 만들 수 있으며 연습 문제를
통해 어휘 이해를 확인하도록 하였다.

문법 쏙쏙

문법 의미와 사용법을 알 수 있도록
형태 정보를 도식화하여 예문을 명
료하게 제시하였으며, 어휘의 기본형
을 문법에 바로 적용할 수 있도록 연
습 문제를 포함하였다.

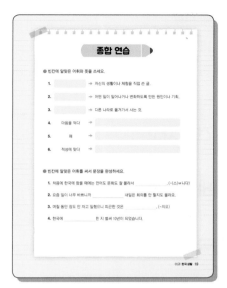

종합 연습

각 단원에서 학습한 어휘와 문법을 복습하는 부분이다. 빈칸 채우기, 문장 완성하기를 통해 어휘 사용 능력을 높일 수 있게 하였다.

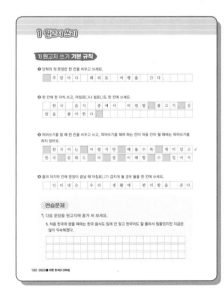

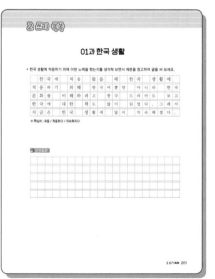

부록 원고지 쓰기 / 쓰기 쑥쑥

각 단원에 나오는 쓰기 문제를 100자 원고지에 활용하여 쓸 수 있도록 원고지 쓰기 기본 규칙과 쓰기 예문을 제시하였다.

목차

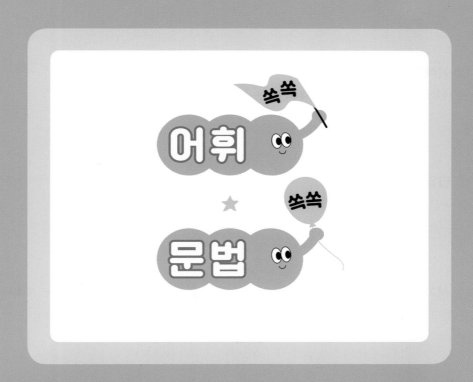

어휘 쏙쏙 - 도입

01 동 **부푼 꿈을 가지고 오다**
예 한국에 처음 왔을 때 **부푼 꿈을 가지고 왔어요.**

뜻 이루고 싶은 목표와 희망을 가지고 오다.

직접 문장을 만들어 보아요.

02 동 **설레다**
예 여행을 가기 전날에 마음이 **설레요.**

뜻 마음이 가라앉지 않고 들떠서 두근거리다.

03 형 **답답하다**
예 하고 싶은 말을 한국어로 잘 말할 수 없을 때 마음이 **답답해요.**

뜻 어떤 일이나 행동이 뜻대로 되지 않아서 어렵다.

04 형 **신기하다**
예 한국 생활 초기에는 모든 것이 **신기하게** 느껴졌어요.

뜻 처음 보는 것이어서 놀랍고 새롭다.

05 동 **향수병에 걸리다**
예 한국에 온 지 얼마 안 되었을 때 **향수병에 걸려서** 힘들었어요.

뜻 고향을 그리워하다.

06 동 **여유가 생기다**

예 한국 생활에 익숙해지니까 주변을 돌아볼 수 있는 **여유가 생 겼어요.**

뜻 물질적, 공간적, 시간적으로 여유가 많아지다.

---

07 명 **편견**

예 외국인이 한국어를 잘 못할 거라는 **편견**을 깨고 싶어요.

뜻 한쪽으로 기울어진 잘못된 생각이나 의견.

---

08 동 **오해를 받다**

예 한국어 단어를 잘못 사용해서 한국 동료에게 **오해를 받은 적**이 있어요.

뜻 무엇에 대해 잘못 알거나 사실과 다르게 해석하는 일을 당하다.

---

09 형 **속상하다**

예 제가 한국어를 잘 못해서 한국 친구가 제 말을 오해했을 때 **속 상했어요.**

뜻 화가 나거나 걱정이 되어 마음이 불편하고 우울하다.

---

10 동 **노하우가 생기다**

예 처음 일을 배울 때에는 힘들고 어려웠는데 지금은 일을 잘하는 **노하우가 생겼어요.**

뜻 같은 일을 오래 해서 쉽고 빠르게 할 수 있는 방법을 알게 되다.

---

11 동 **자리를 잡다**

예 한국에서 **자리를 잡으면** 한국에 가족들을 초청하려고 해요.

뜻 일자리나 일정하게 머무를 곳을 얻다.

보기와 같이 알맞은 것을 골라 대화를 완성하세요.

> 설레다   자리를 잡다   속상하다
> 여유가 생기다   노하우가 생기다   향수병에 걸리다

보기

줄리아   지니 씨는 언제 마음이 설레요?

지니   **저는 맛있는 음식을 먹으러 갈 때가 가장 설레요.**

아메드   가족을 못 본 지 오래돼서 너무 힘드네요. 고향 음식도 생각나고요.

다니엘   ① _____ (-(으)ㄴ) 것 같은데 고향에 한번 다녀오는 게 어때요?

히시게   아볼리 씨, 어떻게 하면 일을 잘할 수 있을까요?

아볼리   일을 오래 하다 보면 잘할 수 있는 ② _____ (-(으)ㄹ) 거예요.

바베쉬   한국 생활이 힘들 때가 많지요?

줄리아   네. 제가 한국어가 아직 서툴러서 못 알아들을 때마다

③ _____. (-아/어요)

노부코   안스 씨, 요즘 한국 생활이 어때요? 처음 왔을 때 많이 힘들어했잖아요.

안스   맞아요. 처음에는 적응하느라고 힘들었지만 이제 어느 정도

④ _____ (-아/어서) 한국 생활에 익숙해졌어요.

1 동사 + -느라고

앞의 내용이 뒤의 내용의 이유나 원인이 됨을 나타내고자 할 때 사용한다. 뒤에는 주로 부정적인 내용이 온다. 말할 때에는 '-느라' 형태로 많이 사용한다.

동사	・받침 ○, ✕ + -느라고	
		예 요즘 몸이 안 좋아져서 약을 먹느라고 술은 못 마셔요.
		예 어제 늦게까지 시험 공부하느라고 잠을 못 잤어요.
		예 아까 저녁을 만드느라고 전화를 못 받았어요

동사	-느라고	동사	-느라고
밥을 먹다	밥을 먹느라고	회의를 하다	
시험 공부하다		아이를 돌보다	
회사에서 일하다		머리를 감다	
책을 읽다		한국 생활에 적응하다	
*저녁을 만들다		병원에 다녀오다	
*친구와 놀다		*적은 생활비로 살다	

연습문제 보기와 같이 문장을 완성하세요.

> 보기
> 한국에 처음 왔을 때 새로운 환경에 **적응하느라고** 정신이 없었어요. (적응하다)

1. 요즘 중간 평가를 _____ 운동할 시간이 없어요. (준비하다)

2. 한국에 처음 왔을 때 _____ 힘들었어요. (집을 구하다)

3. 한국에서 _____ 고향 친구에게 연락을 못 했어요. (*바쁘게 살다)

4. 아까 중요한 _____ 전화를 못 받았어요. (회의를 하다)

2 동사/형용사 + -(으)ㄹ수록

앞 내용의 상황이나 정도가 더 심해질 경우 뒤 내용의 결과나 상황도 그에 따라 더하거나 덜하게 됨을 나타내고자 할 때 사용한다.

동사 형용사	• 받침 ○ + -을수록	예	이 음악은 (들으면) **들을수록** 매력이 있어요.
		예	머리가 (짧으면) **짧을수록** 말리기 편해요.
	• 받침 ✕ + -ㄹ수록	예	한국어를 (배우면) **배울수록** 어려워요.
		예	일이 (바쁘면) **바쁠수록** 밥을 잘 먹어야 해요.

TIP! '-(으)면'을 '-(으)ㄹ수록' 앞에 사용할 수 있다.

동사	-(으)ㄹ수록	형용사	-(으)ㄹ수록
한국어를 배우다	한국어를 배울수록	머리가 짧다	
술을 마시다		일이 바쁘다	
많이 웃다		나이가 어리다	
친구를 사귀다		몸이 안 좋다	
*음악을 듣다		*한국어가 어렵다	
*한국에서 살다		*날씨가 춥다	

연습문제 　보기 와 같이 문장을 완성하세요.

> 보기
> 한국어를 많이 **들을수록** 듣기 실력이 좋아질 거예요. (듣다)

1. 한국 문화를 알면 ＿＿＿＿＿＿＿＿ 재미있어요. (*알다)

2. 제 남자 친구는 ＿＿＿＿＿＿＿＿ 괜찮은 사람이에요. (보다)

3. 머리가 ＿＿＿＿＿＿＿＿ 말리는 데 오래 걸려요. (*길다)

4. 한국 친구를 많이 ＿＿＿＿＿＿＿＿ 한국 문화를 잘 이해할 수 있을 거예요. (사귀다)

동 동사　형 형용사　명 명사　부 부사　표 표현

말하기

01 표 **이게 얼마만이에요? / 정말 오랜만이에요.**
　예 다니엘　히시게 씨, **이게 얼마만이에요?** 잘 지냈어요?
　　히시게　오! 다니엘 씨. **정말 오랜만이에요.** 저는 잘 지냈어요.
　　　　　　다니엘 씨는요?

뜻 오랜만에 만난 사람에게 반가움을 표현할 때 사용하는 표현.

02 표 **어느 날**
　예 비가 오는 **어느 날** 신촌에서 대학 동기들을 만났어요.

뜻 날짜가 분명하지 않을 때 사용하는 표현.

03 형 **궁금하다**
　예 중간 평가 시험이 어떻게 나올지 **궁금해요.**

뜻 무엇이 매우 알고 싶어서 답답하다.

04 동 **승진(을) 하다**
　예 아메드 씨, 이번에 사원에서 대리로 **승진했다면서요?** 승진 축하드려요.

뜻 직장에서 지금보다 더 높은 자리로 오르다.

05 동 **사업이 커지다**
　예 **사업이 커질수록** 사원 수도 늘릴 예정입니다.

뜻 경영하는 일이 잘되다.

06 동 **수익이 늘다**
　예 사업이 커지면서 **수익도 늘었어요.**

뜻 버는 돈이 많아지다.

어휘 쏙쏙 - 듣기

---

01 **동 회상하다**

예 한국어를 처음 배웠던 시절을 **회상해 보면** 그때는 정말 열심히 공부했던 것 같아요.

뜻 지난 과거를 돌이켜 생각하다.

---

02 **명 엊그제**

예 한국에 처음 왔을 때가 **엊그제** 같은데 벌써 5년이 넘었어요.

뜻 2~3일 전 또는 며칠 전.

---

03 **부 꾸준히**

예 한국어 말하기를 잘하려면 **꾸준히** 연습해야 해요.

뜻 쉬거나 멈추지 않고 계속해서.

---

04 **명 고진감래**

예 **고진감래**라는 말처럼 지금은 힘들어도 나중에는 좋은 날이 올 거예요.

뜻 '쓴 것이 다하면 단 것이 온다', '고생 끝에 즐거움이 온다'라는 뜻의 사자성어.

---

05 **명 옛말**

예 대기만성이라는 **옛말**처럼 크게 될 사람은 늦게 성공하는 법이다.

뜻 속담이나 고사성어와 같은 옛날부터 전해 오는 말.

어휘 쏙쏙 - 읽기 ①

01　명 **지름길**

예 한국 생활에 빠르게 적응할 수 있는 **지름길**은 한국 사람들을 많이 만나는 것입니다.

뜻 가장 쉽고 빠른 방법을 비유적으로 이르는 말.

✎

02　명 **제2의 고향**

예 저는 부산에서 10년 동안 살았어요. 그래서 저에게 부산은 **제2의 고향**과 같은 곳이에요.

뜻 또 하나의 고향과 같음.

✎

03　명 **내 인생의 봄날**

예 **내 인생의 봄날**은 지금 이 순간이야.

뜻 인생에서 가장 행복하고 좋은 때.

✎

04　명 **기대감**

예 이번 월드 투어 콘서트에 **기대감**이 커요.

뜻 어떤 일이 이루어지기를 바라고 기다리는 마음.

✎

05　명 **외로움**

예 한국에 가족도 없고 친구도 없어 **외로움**을 느낄 때가 많아요.

뜻 혼자 있어 쓸쓸한 마음이나 느낌.

✎

06　명 **호기심**

예 한국어를 배우다 보니까 한국 문화에 대해 **호기심**이 생겼어요.

뜻 관심이 생기거나 모르는 것을 알고 싶어 하는 마음.

✎

07 🅜 **자신감**

🅔 외국어를 말할 때에는 **자신감**이 가장 중요해요.

✏️

🅣 자신이 있다는 느낌.

08 🅜 **생소함**

🅔 처음 한국에 오면 **생소함**을 경험하게 된다.

✏️

🅣 어떤 것이 익숙하지 않고 낯선 느낌.

어휘 쏙쏙 - 읽기 ②

01 🅜 **수기**

🅔 어떤 의사의 **수기**를 읽고 저도 의사가 되고 싶다는 꿈이 생겼습니다.

✏️

🅣 자신의 생활이나 체험을 직접 쓴 글.

02 🅜 **계기**

🅔 교환 학생 프로그램을 **계기**로 한국어를 배우게 되었습니다.

✏️

🅣 어떤 일이 일어나거나 변화하도록 만든 원인이나 기회.

03 🅜 **이주**

🅔 한국에 **이주**한 지 벌써 10년이 되었습니다.

✏️

🅣 다른 나라로 옮겨가서 사는 것.

동 동사 형 형용사 명 명사 부 부사 표 표현

04 동 **마음을 먹다**

예 앞으로 한국어를 열심히 공부하겠다고 **마음을 먹었습니다.**

뜻 마음속으로 어떤 일을 하겠다고 결심하다.

05 명 **기초**

예 외국어를 공부할 때 **기초** 문법을 먼저 익히는 것이 중요하다.

뜻 어떤 것의 기본이 되는 부분이나 처음부터 가장 중요한 요소.

06 부 **꽤**

예 아이들에게 영어를 가르치는 일은 **꽤** 힘든 일이었습니다.

뜻 보통보다 조금 더한 정도.

07 동 **적성에 맞다**

예 번역 일이 **적성에 맞아서** 계속 이 일을 하고 싶습니다.

뜻 성격이나 능력에 잘 맞는다.

08 동 **겁이 나다**

예 처음에 한국에 왔을 때에는 언어도 문화도 잘 몰라서 **겁이 났습니다.**

뜻 무서워하거나 두려워하는 마음이 들다.

09 부 **어쩌면**

예 요즘 일이 너무 바쁘니까 **어쩌면** 내일은 회의를 안 할지도 몰라요.

뜻 불확실한 상황에서 어떤 가능성을 생각하거나 추측할 때 사용하는 표현.

10 형 **당연하다**

예 며칠 동안 잠도 안 자고 일했으니 피곤한 것은 **당연하지요.**

🖉

뜻 일의 앞뒤 사정을 볼 때 그렇게 하는 것이 옳다.

11 명 **상황**

예 회의가 진행되고 있는 **상황**에서는 전화를 받으면 안 된다.

🖉

뜻 어떤 특정한 시간이나 장소에서의 현재의 상태나 조건.

12 동 **기회를 잡다**

예 항상 준비된 사람이 **기회를 잡을 수 있습니다.**

🖉

뜻 어떤 일을 할 수 있는 때나 조건을 얻는다.

종합 연습

● 빈칸에 알맞은 어휘와 뜻을 쓰세요.

1. [_____] → 자신의 생활이나 체험을 직접 쓴 글.

2. [_____] → 어떤 일이 일어나거나 변화하도록 만든 원인이나 기회.

3. [_____] → 다른 나라로 옮겨가서 사는 것.

4. 마음을 먹다 → [_____]

5. 꽤 → [_____]

6. 적성에 맞다 → [_____]

● 빈칸에 알맞은 어휘를 써서 문장을 완성하세요.

1. 처음에 한국에 왔을 때에는 언어도 문화도 잘 몰라서 _____. (-(스)ㅂ니다)

2. 요즘 일이 너무 바쁘니까 _____ 내일은 회의를 안 할지도 몰라요.

3. 며칠 동안 잠도 안 자고 일했으니 피곤한 것은 _____. (-지요)

4. 한국에 _____ 한 지 벌써 10년이 되었습니다.

02과 가족의 변화

어휘 쏙쏙 - 도입

01 **명** **대가족**
예 우리 가족은 할아버지, 할머니, 아버지, 어머니, 오빠, 동생 그리고 저까지 한집에 사는 **대가족**이에요.

뜻 식구 수가 많은 가족.

직접 문장을 만들어 보아요.

02 **동** **여러 세대가 함께 살다**
예 우리 집은 **여러 세대가 함께 사는** 대가족이에요.

뜻 할아버지, 할머니 세대, 부모 세대, 자식 세대가 함께 한집에서 살다.

03 **형** **가족 간의 유대가 깊다**
예 어렸을 때부터 우리 집은 **가족 간의 유대가 깊어서** 가족끼리 여행을 자주 갔어요.

뜻 끈과 띠처럼 서로 연결되어 있는 관계가 깊고 가깝다.

04 **명** **핵가족**
예 사회가 발전하면서 가족 제도는 대가족 제도에서 **핵가족** 제도로 변하였다.

뜻 부부와 아이만 있는 가족.

05 **동** **분가해서 살다**
예 저는 결혼 후에 부모님과 **분가해서 살게 됐어요.**

뜻 같이 살던 가족과 떨어져 따로 살림을 차려 나가다.

06 동 **가사를 분담하다**

예 남편은 청소를 하고 저는 요리를 해요. 우리 부부는 **가사를 분담하고 있어요.**

뜻 집안일을 여러 명이 나누어서 하다.

07 명 **독거노인**

예 우리 사회에 가족 없이 혼자 살아가는 **독거노인**이 늘고 있다.

뜻 혼자 사는 노인.

08 명 **맞벌이 부부**

예 어렸을 때 부모님이 **맞벌이 부부**라서 혼자 집에 있을 때가 많았다.

뜻 남편과 아내 모두 일을 해서 돈을 버는 부부.

09 동 **독립하다**

예 동생은 스무 살이 되고 나서 부모님에게서 **독립했다.**

뜻 다른 것에 의존하지 않는 상태로 되다.

10 동 **재혼하다**

예 아버지는 어머니가 돌아가신 후에 다른 분과 **재혼하셨어요.**

뜻 배우자와 이혼한 후 다른 사람과 다시 결혼하다.

11 동 **아이를 입양하다**

예 아이가 없었던 부부는 고아원에서 **아이를 입양했다.**

뜻 다른 아이를 양자를 들이다.

연습문제 〔보기〕와 같이 알맞은 것을 골라 문장을 완성하세요.

> 대가족   독거노인   재혼하다
> 입양하다   독립하다

〔보기〕

아메드   지니 씨 가족은 몇 명이에요?

지니   6명이요. 저희 가족은 할아버지, 할머니, 부모님, 저와 동생이 함께
사는 **대가족**이에요.

미나   유라 씨, 지금 부모님과 함께 살아요?

유라   아니요. 3년 전에 부모님한테서 ① _____. (-았/었어요)

~~~~~~~~~~

지난주 토요일에 혼자 사는 ② _____들을 돕기 위해 자원 봉사 활동을 다녀

왔다.

~~~~~~~~~~

우리 부부는 아이를 가질 수 없어서 결국 아이를 ③ _____기로 했다.

~~~~~~~~~~

요즘 한국 예능 프로그램에서 이혼한 남녀가 나와 커플이 되어 ④ _____기도

한다.

1 동사/형용사 + -(으)ㄹ 뿐만 아니라

어떤 사실에 더하여 다른 상황도 있음을 나타낼 때 사용한다. 더 일반적이고 당연하다고 생각하는 내용을 앞에 나타내고 뒤에는 앞 내용에 추가되는 또 다른 정보를 사용한다.

동사 형용사	• 받침 ○ + -을 뿐만 아니라	예 그 식당은 분위기가 좋을 뿐만 아니라 음식도 다 맛있어요.
	• 받침 ✕ + -ㄹ 뿐만 아니라	예 아메드 씨는 영어를 잘할 뿐만 아니라 한국어도 잘해요.

동사	-(으)ㄹ 뿐만 아니라	형용사	-(으)ㄹ 뿐만 아니라
책을 읽다	책을 읽을 뿐만 아니라	일이 바쁘다	
매운 음식을 먹다		건강에 좋다	
공부하다		공부에 필요하다	
옷을 사다		집이 넓다	
*밤늦게까지 놀다		맞벌이 부부가 많다	
*음악을 듣다		*날씨가 춥다	

연습문제 보기 와 같이 문장을 완성하세요.

> 보기
> 우리 한국어 선생님은 **재미있을 뿐만 아니라** 잘 가르쳐요. (재미있다)

1. 이 식당은 _____ 맛도 최고예요. (가격이 저렴하다)

2. 이 옷은 _____ 디자인도 예뻐요. (편하다)

3. 아메드 씨는 회사에서 _____ 일도 잘해요. (동료들과 잘 어울리다)

4. 사회통합프로그램을 공부하면 _____ 한국 생활에 도움이 돼요.

(한국어와 한국 문화를 배울 수 있다)

2 동사/형용사 + -(으)ㄹ 수밖에 없다

다른 방법이나 다른 가능성이 없음을 나타낼 때 사용한다.

동사 형용사	• 받침 ○ + -을 수밖에 없다	예 빨리 나으려면 약을 먹을 수밖에 없어요.
		예 주말에는 백화점에 사람이 많을 수밖에 없어요.
	• 받침 ✕ + -ㄹ 수밖에 없다	예 한국어를 잘하려면 열심히 공부할 수밖에 없어요.
		예 회사 일이 많으니까 바쁠 수밖에 없어요.

동사	-(으)ㄹ 수밖에 없다	형용사	-(으)ㄹ 수밖에 없다
책을 읽다	책을 읽을 수밖에 없다	바쁘다	
밥을 먹다		건강에 안 좋다	
공부하다		직원이 친절하다	
돈을 아끼다		사람이 많다	
*음식을 만들다		*일이 힘들다	
*말을 듣다		*날씨가 춥다	

연습문제 〔보기〕와 같이 문장을 완성하세요.

> 〔보기〕
> 고향으로 돌아가야 해서 회사를 **그만둘 수밖에 없다**. (그만두다)

1. 요즘 일하면서 공부도 하니까 ＿＿＿＿＿＿＿＿＿＿＿＿. (*친구를 만나기 힘들다)

2. 집에 지갑을 두고 와서 ＿＿＿＿＿＿＿＿＿＿＿. (다시 집에 돌아가다)

3. 고기만두가 먹고 싶었지만 다 팔려서 ＿＿＿＿＿＿＿＿＿＿. (김치 만두를 주문하다)

4. 물가가 많이 올라서 생활비를 줄이려면 돈을 ＿＿＿＿＿＿＿＿＿＿. (아껴 쓰다)

동 동사　형 형용사　명 명사　부 부사　표 표현

어휘 - 말하기

01　형 **평등하다**

예 이 회사는 성별에 관계없이 모두에게 **평등한** 기회를 주고 있다.

뜻 (둘 이상의 사람이) 차별 없이 고르고 한결같다.

02　명 **경제적인 부담**

예 유학 생활을 하면 교통비, 식비 등 **경제적인 부담**이 클 수밖에 없다.

뜻 돈과 관련된 책임이나 의무를 가짐.

어휘 - 듣기

01　명 **자체**

예 이 음식은 재료 **자체**가 신선해서 맛이 좋아요.

뜻 어떤 대상이 갖고 있는 본래의 특징을 나타냄.

02　동 **중시하다**

예 한국 사회에서 개인 생활을 **중시하는** 분위기가 커지고 있다.

뜻 가볍게 여길 수 없을 만큼 매우 크고 중요하게 여기다.

01 명 **가치관**

예 요즘은 결혼을 하지 않겠다는 비혼주의가 늘고 있는 등 결혼에 대한 **가치관**이 바뀌고 있다.

뜻 사람이 가지고 있는 가치에 대한 개념.

---

02 동 **평균 수명이 늘다**

예 **평균 수명이 늘**면서 건강에 대한 관심도 증가하고 있다.

뜻 생명이 살아 있는 기간이 길어지다.

---

03 명 **매출**

예 날씨가 추워지면서 롱코트의 **매출**이 늘었다.

뜻 물건을 내다 파는 일.

---

04 명 **싱글족**

예 요즘 결혼을 하지 않고 혼자 사는 **싱글족**이 늘어나고 있다.

뜻 결혼하지 않고 혼자 사는 사람을 가리키는 말.

---

05 형 **불가피하다**

예 환자를 치료하기 위해서는 수술이 **불가피합니다.**

뜻 피할 수 없다.

---

06 명 **사물 인터넷(IoT – Internet of Things)**

예 **사물 인터넷** 기기를 활용해 집에 있는 모든 가전을 제어할 수 있다.

뜻 물건들이 인터넷에 연결되어 있어 필요한 서비스를 바로 실행하는 것.

어휘 쏙쏙 - 읽기 ②

01 명 **전망**

예 1인 가구가 앞으로 계속 늘어날 **전망**이다.

🖉

뜻 다가올 앞날을 미리 내다봄. 또는 미리 내다보이는 앞날.

02 명 **고령화**

예 저출산과 **고령화**로 인해 노동력 인구가 점점 줄어들고 있다.

🖉

뜻 한 사회에서 노인의 인구 비율이 높은 상태로 나타나는 일.

03 명 **생필품**

예 마트보다 인터넷에서 **생필품**을 더 싸게 구입할 수 있다.

🖉

뜻 생활에서 반드시 필요한 물품.

04 명 **규모**

예 반려동물을 키우는 가구가 늘면서 반려동물 산업의 **규모**도 커지고 있다.

🖉

뜻 사물이나 현상의 크기나 범위.

05 명 **전통적**

예 북촌한옥마을에 가면 한국의 **전통적**인 집들을 많이 볼 수 있다.

🖉

뜻 예로부터 이어져 내려오는 것.

06 명 **정책**

예 정부는 환경 보호 **정책**을 시행했다.

🖉

뜻 정부나 정치 단체, 개인 등이 어떤 문제를 해결하거나 목적을 달성하기 위해 결정된 방침이나 계획.

07 🔵 **개선하다**

예 장애인들이 대중교통을 편하게 이용할 수 있는 시스템으로 **개선해야 한다.**

뜻 어떤 것을 더 나은 상태로 만들거나, 더 좋게 만들기 위해 노력하다.

🖉

08 🔵 **주거**

예 편의점, 은행 등 편의 시설이 생기면서 **주거** 환경이 좋아졌다.

뜻 사람이 살면서 머무르는 공간.

🖉

09 🔵 **지원**

예 정부가 유학생을 위한 장학금 **지원**을 늘리고 있다.

뜻 지지하여 도움.

🖉

10 🔵 **시급하다**

예 한국의 저출산, 고령화 문제의 해결이 **시급하다.**

뜻 빨리 해결해야 할 만큼 급하다.

🖉

종합 연습

● 빈칸에 알맞은 어휘와 뜻을 쓰세요.

1. [   ] ➡ 부부와 아이만 있는 가족.

2. [   ] ➡ 남편과 아내 모두 일을 해서 돈을 버는 부부.

3. [   ] ➡ 집안일을 여러 명이 나누어서 하다.

4. 고령화 ➡ [   ]

5. 생필품 ➡ [   ]

6. 싱글족 ➡ [   ]

● 빈칸에 알맞은 어휘를 써서 문장을 완성하세요.

1. 한국의 저출산 고령화 문제의 해결이 _____. (-다)

2. 한국 사회에서 개인 생활을 _____ 분위기가 커지고 있다. (-는)

3. 1인 가구가 앞으로 계속 늘어날 _____이다.

4. 장애인들이 대중교통을 편하게 이용할 수 있는 시스템으로 _____. (-아/어
야 하다)

03과 현대 과학 기술

어휘 쏙쏙 - 도입

01 **명 인공 지능(AI)**

예 **인공 지능**을 활용한 번역기가 출시되었다.

뜻 인간의 지능이 가지는 학습, 추리, 적응, 논증 따위의 기능을 갖춘 컴퓨터 시스템.

직접 문장을 만들어 보아요.

02 **명 로봇 청소기**

예 **로봇 청소기**는 청소할 시간이 부족한 사람들에게 인기가 많다.

뜻 바닥을 스스로 청소하는 로봇.

03 **명 인공 지능 스피커**

예 **인공 지능 스피커**를 통해 음악, 뉴스, 날씨 등 다양한 정보를 손쉽게 얻을 수 있어요.

뜻 음성 인식 기술과 인공 지능 기술을 활용하여 사용자의 명령을 받아들이고 실행하는 스피커.

04 **명 자율 주행차**

예 **자율 주행차**는 운전자가 운전을 하지 않아도 스스로 목적지까지 안전하게 이동할 수 있어요.

뜻 스스로 운전을 할 수 있는 차.

05 **명 스리디(3D) 프린터**

예 **스리디 프린터**로 의자와 책상을 만들 수 있어요.

뜻 입체적으로 모양을 만들 수 있는 프린터.

06 **명 드론**
예 **드론**으로 높은 곳까지 촬영할 수 있어요.

뜻 조종사 없이 무선으로 조정할 수 있는 무인 비행기.

🖉

07 **명 가상 현실(VR) 게임**
예 **가상 현실 게임**을 해 보니까 실제로 체험하는 듯한 느낌이 들었어요.

뜻 기기 등을 이용하여 가상 현실을 체험할 수 있게 만든 게임.

🖉

08 **명 무인 편의점**
예 **무인 편의점**에서는 직원이 없어도 손쉽게 물건을 살 수 있어요.

뜻 직원이 없이 자동으로 운영되는 편의점.

🖉

09 **명 모바일 앱(app)**
예 은행에 가지 않아도 은행 **모바일 앱**에서 계좌를 만들 수 있어서 편리해요.

뜻 스마트폰, 태블릿 피시(PC) 따위의 통신 기기로 특정 업무나 일을 처리하기 위하여 개발된 응용 프로그램.

🖉

10 **명 길 찾기 앱(app)**
예 저는 길을 잘 못 찾는 길치라서 **길 찾기 앱**을 자주 사용해요.

뜻 길을 빠르고 쉽게 찾을 수 있도록 개발된 응용 프로그램.

🖉

연습문제 보기 와 같이 알맞은 것을 골라 문장을 완성하세요.

로봇 청소거   가상 현실 게임   길 찾기 앱
무인 편의점   드론

보기

주니   유진 씨, 청소 다 했어요?

유진   그럼요. **로봇 청소기**가 알아서 집을 청소해 주니까 청소가 빨리 끝났
          어요.

안스   알리 씨, 그게 뭐예요?

알리   하늘 높이까지 비디오 촬영을 할 수 있는 촬영용 ①_____이에요.

~~~

주하찬   물을 사려고 했는데 직원이 없어서 그냥 나왔어요.

찰리   아, 아마 ②_____일 거예요. 요즘 직원이 없어도 운영하는 가게들이
          많아졌어요.

~~~

③_____ 안에서는 세계 여러 나라 사람들과 만나서 게임을 할 수 있는데 실제
로 만나고 있는 것 같은 기분이 들어요.

~~~

출발지에서 목적지까지 빠르게 가고 싶으면 ④_____을 한번 이용해 보세요.

1 동사/형용사 + -(으)ㄴ/는 줄 알다

어떤 사실에 대해 그러한 것으로 잘못 알고 있었음을 나타낼 때 사용한다.

동사(현재) *있다/없다	• 받침 ○, ✕ + -는 줄 알다		예 한국 사람들이 김치를 다 좋아하는 줄 알았어요. (그런데 김치를 다 좋아하는 것은 아니었어요.)
형용사 동사(과거)	• 받침 ○ + -은 줄 알다		예 그 사람이 돈이 많은 줄 알았어요. 그런데 돈이 없어요.
			예 토니 씨가 저녁을 먹은 줄 알았어요. 그런데 아직 안 먹었대요.
	• 받침 ✕ + -ㄴ 줄 알다		예 한국 음식이 다 매운 줄 알았어요. 그런데 안 매운 음식도 많아요.
			예 저는 옥사나 씨가 집에 간 줄 알았어요. 그런데 아직 회사에 있어요.
명사	• 받침 ○, ✕ + 인 줄 알다		예 선생님을 처음 봤을 때 학생인 줄 알았어요. 그런데 학생이 아니었어요.

TIP! 자신이 예상했던 미래의 일이 실제로 다른 결과로 나타났을 때에는 '-(으)ㄹ 줄 알았어요'를 사용한다.

☑ 오늘 비가 올 줄 알았어요. 그런데 비가 안 와요.
☑ 오늘 주말이라서 백화점에 사람이 많을 줄 알았어요. 그런데 와 보니까 사람이 많이 없네요.
☑ 시험에 떨어질 줄 알았는데 다행히 합격했어요.

동사	-(으)ㄴ/는 줄 알았어요
찰리 씨가 저녁을 먹었다고 생각했어요. 그런데 아니었어요.	찰리 씨가 저녁을 먹은 줄 알았어요.
롱리 씨가 친구랑 싸웠다고 생각했어요. 그런데 아니었어요.	
*주하찬 씨가 드라마를 보고 운다고 생각했어요. 그런데 아니에요.	

형용사	-(으)ㄴ 줄 알았어요
알리 씨가 바쁘다고 생각했어요. 그런데 아니었어요.	알리 씨가 바쁜 줄 알았어요.
한국에 유학생이 적다고 생각했어요. 그런데 아니었어요.	
*그 식당 음식이 맛있다고 생각했어요. 그런데 아니었어요.	

연습문제 보기 와 같이 대화를 완성하세요.

> 보기
>
> 주니   토마스 씨가 한국어 말하기 대회에서 1등을 했대요.
>
> 유라   그래요? 저는 토마스 씨가 한국어를 안 해서 **못하는 줄 알았어요**.
>
> (못하다)

1. 레이   이 음식은 하나도 맵지 않네요.

   롱리   그러네요. 저도 처음 한국에 왔을 때 한국 음식이 다 _____ 줄 알았어요. (*맵다)

2. 토니   안스 씨가 한국 회사에 취직했대요.

   옥사나   그래요? 저는 안스 씨가 고향에 _____ 줄 알았어요. (돌아가다)

3. 주하찬   지난 주말에 에버랜드에 다녀왔어요.

   토니   정말요? 저는 주하찬 씨가 놀이기구를 _____ 줄 알았어요. (무서워하다)

4. 찰리   오늘 _____ 줄 알았는데 다행히 눈이 안 오네요. (눈이 오다)

   알리   저는 찰리 씨가 눈을 _____ 줄 알았어요. (좋아하다)

2 동사 + -곤 하다

같은 상황이나 행동이 반복됨을 나타낼 때 사용한다.

동사	• 받침 ○, × + -곤 하다	예 스트레스를 받을 때는 음식을 많이 먹곤 해요.
		예 자기 전에 스트레칭을 하곤 해요.

동사	-곤 하다	동사	-곤 하다
책을 읽다	책을 읽곤 하다	친구를 만나다	
술을 마시다		쇼핑을 하다	
노래를 부르다		도서관에 가다	
음악을 듣다		청소하다	

연습문제 보기 와 같이 문장을 완성하세요.

> 보기
> 기분이 안 좋을 때마다 **산책하곤 해요**. (산책하다)

1. 친구들을 만날 때마다 ＿＿＿＿＿＿＿＿＿. (사진을 찍다)

2. 빠른 길로 가고 싶을 때에는 길 찾기 앱을 ＿＿＿＿＿＿＿＿＿. (사용하다)

3. 고향 생각이 날 때마다 부모님과 ＿＿＿＿＿＿＿＿＿. (영상 통화를 하다)

4. 저는 밥을 먹기 전에 항상 ＿＿＿＿＿＿＿＿＿. (기도하다)

어휘 쏙쏙 ● 말하기

01 명 **체중계**
예 운동하기 전에 항상 **체중계** 위에 올라가서 몸무게를 재곤 해요.

뜻 몸무게를 재는 데에 쓰는 저울.

---

02 명 **공기청정기**
예 미세먼지로 인해 **공기청정기** 수요가 늘고 있다.

뜻 공기 속의 먼지나 세균 따위를 걸러 내어 공기를 깨끗하게 하는 장치.

---

03 동 **조종하다**
예 요즘 공원에 가면 드론을 **조종하는** 사람들이 많이 보여요.

뜻 (사람이 기계를) 다루어 부리다.

---

04 표 **손가락 하나로**
예 은행에 가지 않아도 **손가락 하나로** 은행 모바일 앱에서 카드를 만들 수 있어요.

뜻 어떤 일을 쉽게 할 수 있음을 나타내는 표현.

동 동사　형 형용사　명 명사　부 부사　표 표현

어휘 쑥쑥 - 듣기

---

01 동 **치료하다**

예 아픈 환자들을 **치료해 주는** 의사가 되는 것이 꿈이다.

뜻 병이나 상처 따위를 잘 다스려 낫게 하다.

✏️

---

02 동 **수집하다**

예 논문을 쓰려면 먼저 많은 자료를 **수집해야 한다.**

뜻 취미나 연구를 위하여 여러 가지 물건이나 재료를 찾아 모으다.

✏️

---

03 동 **분석하다**

예 의사는 항상 병의 원인이 무엇인지 **분석하고** 환자를 치료해야 한다.

뜻 (사람이 무엇을) 여러 요인으로 나누어 논리적으로 해명하다.

✏️

---

04 동 **활용하다**

예 선생님이 주신 한국어 자료만 잘 **활용해도** 중간 평가에 충분히 합격할 수 있다.

뜻 충분히 잘 이용하다.

✏️

01 동 **응답하다**
예 인공 지능 스피커는 사람이 알고 싶어하는 것을 질문하면 바로 **응답한다.**

뜻 부름이나 물음에 응하여 답하다.

---

02 동 **제어하다**
예 드론은 무선으로 **제어할 수 있는** 비행 장치이다.

뜻 기계를 목적에 알맞게 동작을 하도록 조절하다.

---

03 동 **체험하다**
예 가상 현실 게임을 **체험할 수 있는** 실내 게임장이 늘어나고 있다.

뜻 (사람이 일을) 실제로 보고 듣고 겪다.

---

04 동 **작동하다**
예 컴퓨터가 **작동하지 않아서** AS센터에 수리를 맡겼다.

뜻 (사람이 기계를) 제 기능대로 움직이게 하다.

어휘 쏙쏙 – 읽기 ②

01 부 **끊임없이**
예 한국어를 잘하기 위해서는 **끊임없이** 노력해야 한다.

뜻 계속하거나 이어져 있던 것이 끊이지 않게.

02 동 **발전하다**
예 오늘날 과학 기술 분야는 빠르게 **발전하고 있다.**

뜻 더 낫고 좋은 상태나 더 높은 단계로 나아가다.

03 동 **개발하다**
예 최근 미국에서는 사람처럼 말할 수 있는 대화형 로봇을 **개발했다.**

뜻 (사람이나 단체가 무엇을) 연구하여 새로 만들어 내다.

04 명 **음성**
예 인공 지능 스피커는 사람의 **음성**을 듣고 반응한다.

뜻 사람의 목소리나 말소리.

05 동 **주목받다**
예 미국에서 개발한 대화형 로봇이 세계적으로 **주목받고 있다.**

뜻 (사람이나 일이) 다른 사람들의 관심을 끌다.

06 동 **기대하다**
예 많은 팬들이 그의 새 앨범을 **기대하고 있다.**

뜻 어떤 일이 원하는 대로 이루어지기를 바라면서 기다리다.

종합 연습

● 빈칸에 알맞은 어휘와 뜻을 쓰세요.

1. _____ → 인간의 지능이 가지는 학습, 추리, 적응, 논증 따위의 기능을 갖춘 컴퓨터 시스템.

2. _____ → 스스로 운전을 할 수 있는 차.

3. _____ → 직원이 없이 자동으로 운영되는 편의점.

4. 공기청정기 → _____

5. 체험하다 → _____

6. 활용하다 → _____

● 빈칸에 알맞은 어휘를 써서 문장을 완성하세요.

1. 컴퓨터가 _____ AS센터에 수리를 맡겼다. (-아/어서)

2. 최근 미국에서는 사람처럼 말할 수 있는 대화형 로봇을 _____. (-았/었다)

3. 인공 지능 스피커는 사람의 _____을 듣고 반응한다.

4. 한국어를 잘하기 위해서는 _____ 노력해야 한다.

04과 한국의 경조사

동 동사 형 형용사 명 명사 부 부사 표 표현

어휘 쏙쏙 - 도입

01 **명 주례**

예 대학교 동기와 결혼하게 되어서 학과 교수님께 **주례**를 부탁드렸어요.

직접 문장을 만들어 보아요.

뜻 결혼식 따위의 예식을 맡아 주장하여 진행하는 일.

---

02 **명 하객**

예 신랑은 결혼식에 참석한 **하객**들에게 인사를 했다.

뜻 결혼을 축하하러 온 손님.

---

03 **동 축의금을 내다**

예 친구 결혼식에 가서 축하하는 마음을 담아 **축의금을 냈다**.

뜻 축하하는 뜻으로 돈을 내다.

---

04 **동 피로연을 하다**

예 결혼식이 끝난 후에 신랑과 신부는 하객들과 함께 **피로연**을 했어요.

뜻 정식으로 부부 관계를 맺었다는 사실을 널리 알리기 위해 신랑과 신부 측에서 친족과 친지들을 초대하는 잔치.

---

05 **명 폐백**

예 신부는 한복을 입고 시부모님께 **폐백**을 드린다.

뜻 폐백은 신부가 혼례를 마치고 친정을 떠나 시댁으로 신행(新行)한 뒤에 행하여지는 의례.

06 명 **장례식장**

예 친구 아버지께서 돌아가셔서 친구를 위로하러 **장례식장**에 다녀왔어요.

뜻 죽은 사람의 장례를 치르는 장소.

---

07 명 **빈소**

예 할아버지의 **빈소**에 많은 조문객들이 다녀갔다.

뜻 죽은 사람을 매장할 때까지 죽은 사람의 몸(시체)를 안치시켜 놓는 장소.

---

08 명 **고인**

예 삼가 **고인**의 명복을 빕니다.

뜻 죽은 사람.

---

09 명 **영정**

예 아버지는 할아버지 **영정**에 절을 올렸다.

뜻 죽은 사람의 사진.

---

10 동 **조문하다**

예 돌아가신 친구 아버님을 **조문하러** 장례식장에 갔다.

뜻 고인에 대해 슬퍼하는 뜻을 나타내어 유족을 위로하기 위해 방문하다.

---

11 동 **상을 당하다**

예 친구 아버지께서 **상을 당해서** 조문하러 장례식장에 다녀왔다.

뜻 가까운 친척이나 가족이 죽다.

연습문제 보기 와 같이 알맞은 것을 골라 문장을 완성하세요.

하객   축의금   조문하다   피로연   영정

> **보기**
>
> 찰리   안스 씨의 결혼을 축하해 주러 많은 **하객**들이 왔네요.
>
> 안스   그러게요. 평일에 하는 결혼식인데도 사람이 많아요.

주하찬   토니 씨, 어디에 다녀왔어요?

토니   친구 아버지께서 돌아가셔서 ① _____(-(으)러) 장례식장에 다녀오는 길이에요.

옥사나   한국에서는 결혼한 신랑 신부에게 무엇을 선물해요?

찰리   결혼식장에 들어가기 전에 축하하는 마음을 담아 ② _____을 내요.

결혼식이 끝나면 ③ _____에서 맛있는 음식을 먹을 수 있다.

할머니의 ④ _____ 앞에서 두 번 절을 했다.

1 동사/형용사 + -더니

과거에 관찰해서 알게 된 사실에 이어진 행동이나 상황, 상태를 나타낸다.

동사 형용사	• 받침 ○, × + -더니	예 알리 씨가 전화를 받더니 사무실 밖으로 나갔어요.
		예 어제는 비가 내려서 습하더니 오늘은 바람이 불어서 시원해요.

동사	-더니	형용사	-더니
전화를 받다	전화를 받더니	날씨가 춥다	
열심히 공부하다		무덥다	
한국 친구를 사귀다		밖이 흐리다	
옷을 입다		몸이 괜찮다	
갑자기 울다		눈이 좋다	

연습문제 보기와 같이 문장을 완성하세요.

> 보기
> 아침에는 비가 **오더니** 오후에는 비가 그쳤다. (오다)

1. 동생이 _____ 방으로 들어갔다. (텔레비전을 끄다)

2. 동생이 갑자기 _____ 전화를 끊어 버렸다. (*울다)

3. 예전에는 밤을 새워도 _____ 요즘엔 밤 10시만 돼도 피곤하다. (괜찮다)

4. 회사 동료가 한국어를 열심히 _____ 드디어 중간평가에 합격했다. (공부하다)

2 동사/형용사 + -(으)ㄴ 나머지

앞의 상태나 행동의 결과로 뒤와 같은 심한 정도의 일이 일어났음을 말할 때 사용한다.
'-(으)ㄴ 나머지' 뒤에는 주로 과거 시제가 쓰인다.

동사 형용사	• 받침 ○ + -은 나머지	예 찬 음식을 너무 많이 먹은 나머지 배탈이 났다.
	• 받침 ✕ + -ㄴ 나머지	예 너무 피곤한 나머지 늦잠을 잤다.

동사	-(으)ㄴ 나머지	형용사	-(으)ㄴ 나머지
화가 나다	화가 난 나머지	배고프다	
며칠 동안 밤을 새우다		기분이 나쁘다	
서두르다		신나다	
스트레스를 받다		*반갑다	
일을 너무 많이 하다		*고맙다	

연습문제 보기 와 같이 알맞은 것을 골라 문장을 완성하세요.

피곤하다   배고프다   서두르다   바쁘다   화가 나다

보기
어제 너무 **피곤한 나머지** 집에 오자마자 씻지도 않고 잤다.

1. 하루 종일 밥도 못 먹고 일해서 _____ 라면을 세 그릇이나 먹어버렸다.

2. 회사에 빨리 가려고 _____ 집에 교통카드를 두고 나왔다.

3. 남자 친구와 싸워서 너무 _____ 그 자리에서 울어버렸다.

4. 오늘 회사 일이 너무 _____ 친구와 한 저녁 약속을 잊어버렸다.

어휘 쏙쏙 - 말하기

01 📗 **화촉 점화**

예) 결혼식에서 양가 어머님들의 **화촉 점화**로 결혼식장을 환하게 밝혔다.

뜻) 신랑 어머니와 신부 어머니가 초에 불을 켜는 것.

🖊

02 📗 **혼인 서약**

예) 신랑, 신부는 서로를 마주 보고 **혼인 서약**을 했어요.

뜻) 결혼식에서 신랑과 신부가 평생 서로를 사랑하겠다는 약속을 하는 의식.

🖊

03 📗 **축가**

예) 친구의 결혼을 축하하는 마음을 담아 **축가**를 불렀어요.

뜻) 축하의 뜻을 담아 부르는 노래.

🖊

04 📗 **행진**

예) 신랑과 신부는 하객들 사이로 **행진**했어요.

뜻) 발을 맞춰 앞으로 걸어감.

🖊

어휘 쏙쏙 - 듣기

01

명 **부친**

예 박진호 씨의 **부친** 박영석 님께서 별세하셨습니다.

뜻 아버지를 정중하게 이르는 말.

[빈칸]

02

동 **별세하다**

예 친구의 부친이 **별세하셔서** 장례식에 갔다.

뜻 윗사람이 세상을 떠나다.

[빈칸]

03

부 **삼가**

예 **삼가** 고인의 명복을 빕니다.

뜻 존경하는 마음으로 조심스럽고 정중하게.

[빈칸]

04

동 **명복을 빌다**

예 그는 영정 앞에서 고인의 **명복을 빌었다.**

뜻 죽은 뒤에 저승에서 받는 복.

[빈칸]

읽기 ①

01 명 **백일잔치**
예 조카의 **백일잔치** 때 흰떡인 백설기를 맞췄다.

뜻 아기가 태어난 지 백일 되는 날에 베푸는 잔치.

02 명 **돌잔치**
예 아기가 태어난 지 1년이 된 날을 축하하기 위해 **돌잔치**를 한다.

뜻 첫돌이 되는 날에 베푸는 잔치.

03 명 **회갑연/환갑잔치**
예 아버지 **환갑잔치**를 위해 호텔을 예약했다.

뜻 만 60세를 기념하는 잔치.

04 명 **고희연/칠순잔치**
예 할아버지의 **고희연**에 온 가족이 모였다.

뜻 70세를 기념하는 잔치.

05 명 **장래**
예 돌잔치 때 아기의 **장래**를 추측하기 위해서 돌잡이를 한다.

뜻 다가올 앞날.

06 명 **장수**
예 일본에는 100세가 넘도록 **장수**한 노인들이 사는 마을이 있다.

뜻 오래도록 삶.

동 동사　형 형용사　명 명사　부 부사　표 표현

07 동 **기원하다**

예 어머니의 예순 번째 생신을 축하하며 건강과 장수를 **기원했다.**

뜻 (사람이 원하는 일을) 이루어지기를 빌다.

08 동 **맞이하다**

예 조카의 돌을 **맞이하여** 온 가족이 모였다.

뜻 오는 것을 맞다.

09 동 **자리를 마련하다**

예 고향으로 돌아가는 친구를 위해 다 같이 식사하는 **자리를 마련했다.**

뜻 (식사 자리, 술자리 등을) 준비하다.

10 동 **빛내다**

예 그는 올림픽 국가대표 선수로 조국을 **빛냈다.**

뜻 영광스럽고 훌륭하여 돋보이게 하다. '빛나다'의 사동사.

01 동 **치르다**

예 지난주에 시어머니의 환갑잔치를 **치렀다.**

뜻 (행사, 기념일 등을) 겪어 내다.

02 동 **감격하다**

예 어머니께서는 아버지의 선물에 **감격해서** 눈물을 흘리셨다.

뜻 고마움을 깊게 느끼며 감동하다.

03 형 **분주하다**

예 아버지께서는 매일 아침 출근 준비로 **분주하시다.**

뜻 이리저리 바쁘고 수선스럽다.

04 명 **효도**

예 한국은 전통적으로 부모님에 대한 **효도**를 중요하게 생각한다.

뜻 자식들이 어버이를 공경하고 잘 섬김.

05 형 **정겹다**

예 우리 고향에서만 쓰는 **정겨운** 사투리가 있다.

뜻 정이 넘칠 정도로 매우 다정하다.

종합 연습

● 빈칸에 알맞은 어휘와 뜻을 쓰세요.

1. [   ] ➡ 결혼을 축하하러 온 손님.

2. [   ] ➡ 죽은 사람의 장례를 치르는 장소.

3. [   ] ➡ 가까운 친척이나 가족이 죽다.

4. 백일잔치 ➡ [   ]

5. 분주하다 ➡ [   ]

6. 혼인 서약 ➡ [   ]

● 빈칸에 알맞은 어휘를 써서 문장을 완성하세요.

1. 아기가 태어난 지 1년이 된 날을 축하하기 위해 ＿＿＿＿＿＿＿를 한다.

2. 지난주에 시어머니의 환갑잔치를 ＿＿＿＿＿＿＿. (-았/었다)

3. 삼가 ＿＿＿＿＿＿＿의 명복을 빕니다.

4. 한국은 전통적으로 부모님에 대한 ＿＿＿＿＿＿＿를 중요하게 생각한다.

05과 한국의 문화유산

어휘 쏙쏙 - 도입

01
명 문화유산
예 **문화유산**을 보존하는 일은 매우 중요하다.

직접 문장을
만들어 보아요.

뜻 과거의 문화 중에서 다음 세대에게 물려줄 만한 가치가 있는 것.

02
명 자연 유산
예 제주도에 있는 성산 일출봉은 세계 **자연 유산**으로 유명한 곳이에요.

뜻 미래를 위해 보호해야 할 가치가 있는 자연 지역.

03
명 무형 유산
예 판소리는 한국의 전통적인 **무형 유산**이다.

뜻 음악, 춤, 기술과 같은 역사적 또는 예술적으로 가치가 높은 문화유산.

04
명 기록 유산
예 훈민정음 해례본은 유네스코(UNESCO) 세계 **기록 유산**이다.

뜻 이전 시대의 사람들이 책, 사진, 그림 등으로 기록을 남겨 놓은 문화유산.

05
명 문화재
예 경주에는 신라의 **문화재**가 곳곳에 보존되어 있다.

뜻 옛사람들이 남긴 것 중에서 역사적, 문화적 가치가 높아서 보호해야 할 것.

06 명 **유적지**

예 경주에 가면 오래된 **유적지**를 많이 볼 수 있다.

뜻 옛사람이 남긴 건축물이나 무덤 또는 역사적 사건이 일어났던 장소.

07 명 **유물**

예 **유물**과 유적을 통해 옛사람들의 생활 방식을 알 수 있다.

뜻 과거 사람들이 후손들에게 남긴 물건.

08 명 **창덕궁**

예 **창덕궁**은 조선 시대에 왕이 살던 궁궐이다.

09 명 **백록담**

예 **백록담**은 한라상 정상에 있는 호수이다.

10 명 **불국사**

예 **불국사**는 신라 시대에 만들어진 사찰(절)이다.

11 명 **종묘**

예 **종묘**는 조선 시대에 왕의 제사를 모신 곳이다.

12 **명 조선 왕릉**

예 **조선 왕릉**은 조선 시대 왕의 무덤이다.

13 **명 성산 일출봉**

예 **성산 일출봉**은 바다 위에 큰 화산섬이다.

14 **명 수원 화성**

예 **수원 화성**은 성 안으로 적이 들어오지 못하게 만든 조선 시대의 성곽이다.

연습문제 보기와 같이 알맞은 것을 골라 문장을 완성하세요.

유적자   조선 왕릉   유물   문화유산   창덕궁

> 보기
> 경주에 가면 불국사, 석굴암과 같은 유명한 **유적지**를 볼 수 있다.

1. 지난 주말에 친구와 함께 조선 시대 왕이 살던 궁궐인 ＿＿＿＿＿＿＿을 관람했다.

2. 조상들이 남긴 ＿＿＿＿＿＿＿을 통해 옛사람들의 생활 모습을 알 수 있다.

3. 수원 화성은 유네스코 세계 ＿＿＿＿＿＿＿에 등록되어 있다.

4. 옛날 조선 시대의 왕의 무덤이었던 ＿＿＿＿＿＿＿은 18개 지역에 있다.

1 얼마나 동사/형용사 + -은/는지 모르다

어떤 사실이나 생각, 느낌이 매우 그렇다고 강조해서 말할 때 사용한다.

동사(현재) 있다/없다	• 받침 ○, ✕ + -는지 모르다	예 우리 집 고양이가 얼마나 많이 먹는지 몰라요.
		예 그 배우가 얼마나 인기 있는지 몰라요.
형용사	• 받침 ○ + -은지 모르다	예 주말에 영화관에 사람이 얼마나 많은지 몰라요.
	• 받침 ✕ + -ㄴ지 모르다	예 한국어 문법이 얼마나 어려운지 몰라요.
명사	• 받침 ○, ✕ + 인지 모르다	예 그 친구가 얼마나 좋은 사람인지 몰라요.

TIP! 동사/형용사의 과거 형태: -았/었/했는지 모르다

✓ 어제 일이 얼마나 힘들었는지 몰라요.

동사	얼마나 -는지 모르다	형용사	얼마나 -(으)ㄴ 지 모르다
많이 먹다	얼마나 많이 먹는지 모르다	배고프다	
술을 많이 마셨다		기쁘다	
잠을 자다		재미있다	
많은 친구들이 있다		*힘들다	
*울다		*춥다	

연습문제 보기 와 같이 문장을 완성하세요.

> 보기
> 요즘 이 식당이 얼마나 인기가 **많은지 몰라요**. (많다)

1. 제 동생이 노래를 얼마나 잘 _____. (부르다)

2. 많이 바쁘신데도 저를 도와주셔서 얼마나 _____. (감사하다)

3. 휴대 전화 배터리가 없어서 얼마나 _____. (불편하다)

4. 지난주에 경주로 여행을 다녀왔는데 얼마나 _____. (좋았다)

2 동사/형용사 +-든지

여러 가지 중에서 어떠한 선택이라도 상관없음을 나타낼 때 사용한다.

형용사	• 받침 ○, ✕ + -든지	예 한국어를 잘하려면 많이 듣든지 많이 말하든지 해야 한다.
		예 맛있든지 맛없든지 야채는 꼭 먹어야 한다.
		예 학교에 가려면 지하철을 타든지 버스를 타든지 해야 한다.
		예 일이 바쁘든지 안 바쁘든지 운동은 꾸준히 해야 한다.

동사	-든지	형용사	-든지
많이 말하다	많이 말하든지	좋다	
친구를 사귀다		필요하다	
책을 읽다		중요하다	
빨래를 하다		덥다	
밥을 먹다		슬프다	

연습문제 보기 와 같이 문장을 완성하세요.

> 보기 배가 많이 아프면 **집에 가든지 병원에 가든지** 해야 한다.
> (집에 가다 / 병원에 가다)

1. 이사할 집이 _____ 상관없이 깨끗하기만 하면 된다.
   (넓다 / 좁다)

2. 한번 시작한 일은 _____ 끝까지 해야 한다.
   (죽이 되다 / 밥이 되다)

3. 나는 스트레스를 받으면 _____ 한다.
   (술을 마시다 / 많이 자다)

4. 이번 주말에는 밖에서 _____ 할 것이다.
   (친구를 만나다 / 조깅을 하다)

어휘 쏙쏙 - 말하기

01 명 **칼럼**
예 요즘 여행 전문 기자가 올린 **칼럼**을 재미있게 보고 있어요.

뜻 신문이나 잡지에 사회 문제를 쓴 짧은 기사.

02 명 **블로그**
예 내 취미는 **블로그**에 맛집 칼럼을 쓰는 것이다.

뜻 자신의 관심사에 따라 자유롭게 칼럼, 일기 등을 올리는 웹사이트.

03 명 **사찰**
예 불국사는 신라 시대의 **사찰**이다.

뜻 불교의 종교적 활동을 수행하는 곳으로, 승려들이 거주하며 수행과 교육을하는 곳.

04 명 **일출**
예 1월 1일에 **일출**을 보기 위해서 아침 일찍 일어났어요.

뜻 해가 뜸.

05 명 **화산 작용**
예 백록담은 **화산 작용**으로 생긴 물이 고여 만들어진 호수예요.

뜻 땅속 깊은 곳에 있는 마그마(magma)가 지표나 지표 가까이에서 일으키는 여러 가지 작용.

06 명 **자연 경관**
예 많은 관광객들이 아름다운 **자연 경관** 앞에서 사진을 찍어요.

뜻 사람이 개조하지 않은 자연 그대로의 경관.

어휘 쏙쏙 - 듣기

01 동 **창제하다**

예 세종 대왕은 한글을 1443년에 **창제했다.**

뜻 전에 없던 것을 처음 만들어내다.

02 명 **우수성**

예 세종학당은 전 세계에 한글의 **우수성**을 알리고 있다.

뜻 여럿 가운데 뛰어난 특성.

03 동 **인정받다**

예 그는 번역 실력을 **인정받아** 번역가가 되었다.

뜻 자격이나 능력이 있다는 것을 확인을 받다.

04 명 **과학적**

예 한글은 세계에서 가장 **과학적인** 글자이다.

뜻 과학의 원리나 방법을 통해 정확성과 타당성이 있는 것.

05 명 **집현전 학자**

예 **집현전 학자**들은 세종대왕이 훈민정음을 만드는 데 많은 도움을 주었다.

뜻 고려 이래 조선 초기에 걸쳐 궁중에 설치한 학문 연구 기관에서 연구하던 사람.

06 동 **본뜨다**

예 훈민정음의 자음은 발음 기관의 모양을 **본떠서** 만들었다.

뜻 (사람이 이미 있는 것을) 본으로 삼아 그대로 만들다.

01 동 **탐방하다**

예 관광객들은 단체로 경복궁을 **탐방했다.**

뜻 (명승지나 유적지 따위를) 구경하기 위하여 찾아가다.

✏️

02 동 **지정하다**

예 유네스코는 수원 화성을 세계 문화유산으로 **지정했다.**

뜻 관공서, 학교, 회사, 개인 등이 어떤 것에 특정한 자격을 주다.

✏️

03 동 **보존하다**

예 현재 남아 있는 전통 한옥을 잘 **보존해야** 한다.

뜻 잘 보호하고 지켜서 남아있게 하다.

✏️

04 동 **전승하다**

예 그는 한국의 전통 문화를 **전승하기** 위해 많은 노력을 기울였다.

뜻 문화, 풍속, 제도 따위를 이어받아 계승하다. 또는 그것을 물려주어 잇게 하다.

✏️

05 동 **인정하다**

예 유네스코에서는 가치가 크다고 **인정한** 문화재를 세계 문화유산으로 지정한다.

뜻 확실히 그렇다고 여기다.

✏️

06 명 **가치**

예 판소리는 문화적, 예술적 **가치**가 크다.

뜻 사물이 지니고 있는 쓸모.

✏️

07 명 **조상**

예 **조상**들의 생활 모습에서 삶의 지혜를 배울 수 있다.

뜻 자기가 살고 있는 세대 이전의 모든 세대.

---

08 명 **후손**

예 **후손**들에게 아름다운 자연환경을 남겨 주기 위해 환경을 보호해야 한다.

뜻 자신의 세대에서 여러 세대가 지난 뒤의 자녀를 통틀어 이르는 말.

---

09 동 **물려주다**

예 후손들에게 우리의 소중한 문화유산을 **물려주기** 위해서는 잘 보존해야 한다.

뜻 재물이나 지위 또는 기예나 학술 따위를 전하여 주다.

---

10 명 **아카데미**

예 한국의 역사를 배우기 위해 역사 **아카데미**에 참여했어요.

뜻 짧은 기간에 학습 활동에 참여하는 학원이나 기관.

01 　**명 기행문**

예 나는 항상 여행을 다녀온 뒤에 **기행문**을 쓴다.

뜻 여행하면서 보고, 듣고, 느끼고, 겪은 것을 적은 글.

02 　**동 묻히다**

예 조선 시대 왕과 왕비가 **묻힌** 조선 왕릉에 다녀왔다.

뜻 물건이 흙이나 다른 물건 속에 넣어져 보이지 않게 덮이다.

03 　**명 절대적**

예 조선 시대 사람들에게 왕은 **절대적**인 존재였다.

뜻 비교하거나 상대될 만한 것이 없는 것.

04 　**명 조각상**

예 조선 시대 궁궐에는 궁궐을 지키는 동물 모양의 **조각상**이 있다.

뜻 재료를 새기거나 깎아서 만든 입체 형상.

05 　**형 진지하다**

예 한국으로 귀화하는 것에 대해서 **진지하게** 생각해 보고 결정해야 한다.

뜻 마음 쓰는 태도나 행동 따위가 참되고 착실하다.

06 　**명 조경**

예 공원에 다양한 나무와 꽃들이 조화롭게 조성되어 **조경**이 아름답다.

뜻 풍경을 꽃과 나무 등으로 아름답게 꾸미는 것.

종합 연습

● 빈칸에 알맞은 어휘와 뜻을 쓰세요.

1. [   ] ➡ 미래를 위해 보호해야 할 가치가 있는 자연 지역.

2. [   ] ➡ 이전 시대의 사람들이 책, 사진, 그림 등으로 기록을 남겨 놓은 문화유산.

3. [   ] ➡ 과거 사람들이 후손들에게 남긴 물건.

4. 일출 ➡ [   ]

5. 보존하다 ➡ [   ]

6. 조상 ➡ [   ]

● 빈칸에 알맞은 어휘를 써서 문장을 완성하세요.

1. 관광객들은 단체로 경복궁을 _____. (-았/었다)

2. 유네스코는 수원 화성을 세계 문화유산으로 _____. (-았/었다)

3. 조선 시대 궁궐에는 궁궐을 지키는 동물 모양의 _____이 있다.

4. _____은 조선 시대에 왕이 살던 궁궐이다.

06과 국제 사회

어휘 쏙쏙 - 도입

01 동 **국제 협력 단체가 늘어나다**

예 국제화 시대가 되면서 서로 힘을 모아 문제를 해결하기 위한 **국제 협력 단체가 늘어나고 있다.**

직접 문장을 만들어 보아요.

🖉

02 동 **국제 교류가 활발해지다**

예 한국어, 한국 문화에 관심 있는 외국인이 많아지면서 콘서트 등 **국제 교류가 활발해졌다.**

🖉

03 동 **국제 분쟁을 해결하다**

예 나라와 나라 사이에 일어난 정치, 문화, 경제적인 **국제 분쟁을** 잘 **해결해야** 한다.

🖉

04 동 **국제기구에 가입하다**

예 한국은 국제연합(UN), 세계보건기구(WHO), 경제협력개발기구(OECD) 등 **국제기구에 가입했다.**

뜻 여러 나라가 모여 있는 단체와 함께하다.

🖉

05 동 **외교 관계를 맺다**

예 한국은 191개의 국가와 **외교 관계를 맺고** 있다.

뜻 국제 사회에서 서로 협력, 국제 문제의 공동 대처 따위의 모든 사무 관계를 맺다.

🖉

06 동 **세계 평화 유지에 힘쓰다**

예 국제기구에 가입한 여러 나라들은 국가들 간의 분쟁 없이 **세계 평화 유지에 힘쓰고** 있다.

뜻 분쟁과 다툼 없이 서로 이해하고 우호적이며 조화를 이루도록 노력하다.

07 동 **문화 교류를 추진하다**

예 각 도시마다 세계의 여러 도시들과 서로의 문화를 알리는 **문화 교류를 추진하고** 있다.

뜻 여러 국가와 국가 사이의 상호 이해를 촉진하고 우호를 증진하기 위하여 문화 교류를 진행하다.

08 명 **다국적 기업**

예 우리 회사는 중국 상하이에 본사를 두고 있는 **다국적 기업**이다.

뜻 하나의 국가가 아닌 여러 국가에 공장 및 회사를 만들어 사업을 하다.

09 동 **세계 시민 의식을 가지다**

예 각자 다른 모습을 하고 있지만 우리는 함께 서로 도우며 살아가는 **세계 시민 의식을 가져야** 한다.

뜻 스스로를 세계 공동체의 구성원으로 여기고, 세계 시민으로서의 권리와 의무가 있다는 생각을 가지다.

연습문제 보기와 같이 알맞은 것을 골라 문장을 완성하세요.

> 다국적 기업   국제기구   국제 분쟁
> 문화교류를 추진하다   외교 관계를 맺다

> 보기
> 우리 회사는 세계 여러 나라에 지사를 둔 **다국적 기업**이다.

1. 여러 국제기구를 통해 각 나라에서 발생하는 _____을 해결하고 세계 평화
유지에 힘써야 한다.

2. 한국은 케이팝(K-pop), 한국 드라마 등을 통해 여러 나라와 _____고 있다.

3. 국제연합(UN)은 2차 세계 대전 이후 세계 평화와 안전을 보장하기 위해 만들어진 _____
_____이다.

4. 한국과 _____(-(으)ㄴ) 나라는 총 191개국이다.

1 동사/형용사 + -던

반복된 과거의 사건, 행위, 상태를 회상하거나 과거 행위가 현재까지 지속되지 않음을 나타낼 때 사용한다.

동사 형용사	· 받침 ○, × + -던	예 아까 먹던 빵은 배불러서 버렸다.
		예 어렸을 때 자주 가던 가게가 문을 닫았다.

동사	-던	형용사	-던
자주 가다	자주 가던	좋다	
사용하다		친절하다	
많이 마시다		작다	
같이 놀다		재미있다	
함께 일하다		맛있다	

연습문제 보기와 같이 문장을 완성하세요.

> 보기
>
> 이 음식은 어렸을 때 자주 **먹던** 음식이에요. (먹다)

1. 원래 _____ 휴대폰을 중고로 팔고 새 휴대폰을 샀어요. (사용하다)

2. 아까 _____ 커피가 다 식어서 버렸어요. (마시다)

3. 저랑 함께 _____ 회사 동료가 해외 지사로 발령이 났어요. (근무하다)

4. 키가 _____ 조카가 1년 사이에 15cm나 컸어요. (작다)

2 동사/형용사 + -(으)ㄹ 정도로

뒤에 오는 행동이나 상태가 앞 문장과 비슷한 정도임을 나타낼 때 사용.

동사 형용사	• 받침 ○ + -을 정도로	예	이 책은 밤을 새워서 읽을 정도로 재미있어요.
	• 받침 ✕ + -ㄹ 정도로	예	이 빵은 둘이 먹다가 하나가 죽어도 모를 정도로 맛있어요

✓ **둘이 먹다가 하나가 죽어도 모르겠다**
두 사람이 음식을 먹다가 그중 한 사람이 죽어도 모를 정도로 음식에 정신이 팔려 있다는 뜻으로 맛이 대단히 좋음을 비유적으로 이르는 말.

동사	-(으)ㄹ 정도로	형용사	-(으)ㄹ 정도로
매일 먹다	매일 먹을 정도로	배가 아프다	
책을 밤새 읽다		기분이 나쁘다	
콘서트에 가다		지루하다	
잠이 오다		*힘들다	
*반복해서 듣다		*맵다	

연습문제 보기 와 같이 문장을 완성하세요.

> 보기
> **말을 할 수 없을 정도로** 목이 아파요. (말을 할 수 없다)

1. 이 영화는 너무 재미있어서 _____ 많이 봤어요. (대사를 다 외우다)

2. 옆집에서 들리는 소리가 _____ 시끄러워요. (기분이 나쁘다)

3. 이 식당은 _____ 맛있어요. (1시간을 기다리다)

4. 저녁에 고기를 _____ 많이 먹었어요. (배가 아프다)

말하기

01

명 해외 파견 근무자

예 **해외 파견 근무자**로 일하면서 새로운 문화와 경험을 얻을 수 있었어요.

뜻 해외 지사나 현지 파트너사에 보내져 일정 기간 동안 해외에서 일을 하는 사람.

02

명 분야

예 국제화 시대에는 나라 간 여러 문제를 다룰 외교 **분야**의 전문가가 필요하다.

뜻 기준에 따라 나눈 부분.

03

명 인력

예 외국인 근로자 상담 센터에는 통역 및 상담 **인력**의 역할이 매우 중요하다.

뜻 사람의 노동력.

04

동 파견하다

예 전염병이 발생한 곳에 의사를 **파견했어요.**

뜻 (사람이 다른 사람이나 단체를) 일정한 임무를 주어 일할 곳으로 보내다.

05

동 낯설어하다

예 짧게 바뀐 머리 스타일 때문에 아이가 엄마를 **낯설어해요.**

뜻 처음 접하여 눈에 익숙하지 않다.

06

동 생각을 넓히다

예 외국에서 다양한 경험을 하면 **생각을 넓힐 수 있는** 기회가 많아진다.

뜻 자신이 가진 시야와 생각을 확장하고 다양한 관점에서 문제나 상황을 바라볼 수 있도록 노력하다.

어휘 쏙쏙 - 듣기

01 동 **체류하다**
예 장기로 **체류하는** 외국인은 90일 이내에 출입국외국인청에 가서 등록해야 한다.

뜻 객지에 가서 머물러 있다.

02 동 **차지하다**
예 우리 반은 여학생이 80%를 **차지한다.**

뜻 비율, 비중 따위를 이루다.

03 명 **비중**
예 생활비 중에서 교육비가 차지하는 **비중**이 점점 높아지고 있다.

뜻 다른 것과 비교할 때 차지하는 중요도.

04 명 **비율**
예 우리 반 학생들의 남녀 **비율**은 반반이다.

뜻 다른 수나 양에 대한 어떤 수나 양의 비.

05 명 **증가**
예 최근 외식비 지출이 **증가**하고 있다.

뜻 양이나 수가 이전보다 더 늘어나거나 많아짐.

06 명 **저출산**
예 **저출산**과 고령화로 노동력 인구가 점점 줄어들고 있다.

뜻 아이를 적게 낳음.

07　명 **고령화**

예 출산율이 줄어들면서 우리 사회에 **고령화** 현상이 나타났다.

뜻 한 사회에서 노인의 인구 비율이 높은 상태로 나타나는 일.

08　명 **일손**

예 내가 일하는 식당에서는 **일손**이 부족해서 배달은 하지 않고 있다.

뜻 일하는 사람.

09　명 **갈등**

예 신세대 사원들과 선배 사원들 간의 **갈등**이 점점 깊어지고 있다.

뜻 개인이나 집단 사이에 이해관계가 달라 서로 적대시하거나 충돌을 일으킴을 이르는 말.

10　동 **우려하다**

예 이번 물가 인상에 대하여 시민들이 **우려하고 있다.**

뜻 (사람이 일을) 근심하거나 걱정하다.

11　명 **배려**

예 그는 자기중심으로 자라 왔기 때문에 남에 대한 **배려**를 할 줄 모른다.

뜻 여러 가지로 마음을 써서 보살피고 도와줌.

어휘 쏙쏙 - 읽기 ①

01 통 **국제적 감각을 키우다**
예 회사에서는 우수한 신입 사원들의 **국제적 감각을 키우기 위해** 해외 지사로 파견했다.

뜻 세계 사람들의 생각, 국제 사회의 모습들을 빨리 이해할 수 있다.

02 통 **존중하다**
예 대다수의 의견도 중요하지만 소수의 의견도 **존중해야 한다.**

뜻 높이어 귀중하게 대하다.

03 통 **열린 마음을 갖다**
예 부모로서 자녀들이 다양한 인종에 **열린 마음을 갖고** 우정을 쌓도록 도와야 한다.

뜻 다른 사람을 배척하지 않고 포용하는 마음을 가지다.

04 명 **과반수**
예 토니는 반 친구들의 **과반수**의 찬성표를 얻어 반장이 되었다.

뜻 반 이상의 수.

05 명 **최우선**
예 나는 가족의 건강을 **최우선**으로 생각한다.

뜻 다른 것보다 이것을 가장 먼저 생각함.

06 명 **선입견**
예 야채로 만든 음식은 맛이 없다는 **선입견**을 깬 비건 식당이 늘고 있다.

뜻 미리 보거나 들은 간접적인 경험으로 생각이 이미 고정되어 다른 의견은 받아들이지 않는 것.

07 명 **배경지식**

예 이번 수업은 역사에 대한 **배경지식**이 없이는 이해하기 힘들 것이다.

뜻 이미 어떤 사실을 듣고 배워서 알고 있는 정보.

  어휘 쏙쏙 – 읽기 ②

01 명 **수기**

예 학교에서 한국 생활을 주제로 한 **수기**를 모집하고 있다.

뜻 자기의 생활이나 체험을 직접 쓴 글.

02 명 **업무**

예 그는 회사에서 마케팅 **업무**를 맡고 있다.

뜻 직장 같은 곳에서 내가 해야 하는 일.

03 명 **성장**

예 우리 회사는 한국의 10대 기업의 하나로 **성장**했다.

뜻 크기나 힘이 점점 커지고 있다는 뜻.

04 명 **발전**

예 언어 공부는 스스로가 **발전**할 수 있는 기회가 된다.

뜻 더 좋은 상태나 더 높은 단계로 올라감.

05 〔명〕 **기회**

〔예〕 학교 교환학생 프로그램을 통해 해외에 나갈 수 있는 **기회**가
생겼다.

〔✎〕

〔뜻〕 어떠한 일이나 행동을 하기에
가장 좋은 때나 경우.

06 〔명〕 **도전**

〔예〕 나는 새로운 사업에 **도전**하기로 결심했다.

〔✎〕

〔뜻〕 어렵고 힘들어도 피하지 않고
하려고 하는 것.

종합 연습

● 빈칸에 알맞은 어휘와 뜻을 쓰세요.

1. [   ] → 사람의 노동력.

2. [   ] → 직장 같은 곳에서 내가 해야 하는 일.

3. [   ] → 다른 것보다 이것을 가장 먼저 생각함.

4. 파견하다 → [   ]

5. 기회 → [   ]

6. 배경지식 → [   ]

● 빈칸에 알맞은 어휘를 써서 문장을 완성하세요.

1. 우리 회사는 중국 상하이에 본사를 두고 있는 ＿＿＿＿＿＿＿이다.

2. 대다수의 의견도 중요하지만 소수의 의견도 ＿＿＿＿＿＿＿. (-아/어야 하다)

3. 야채로 만든 음식은 맛이 없다는 ＿＿＿＿＿＿＿을 깬 비건 식당이 늘고 있다.

4. 출산율이 줄어들면서 우리 사회에 ＿＿＿＿＿＿＿ 현상이 나타났다.

07과 질병과 증상

어휘 쏙쏙 - 도입

01 동 **고열이 나다**

예 어젯밤부터 **고열이 나서** 결석했어요.

뜻 몸에 높은 열이 나다.

직접 문장을 만들어 보아요.

---

02 동 **재채기를 하다**

예 친구와 대화하다가 갑자기 **재채기를 하고** 말았어요.

뜻 코(비강)에서 공기나 먼지 등이 자극을 받아 코에서 숨이 갑작스럽게 나오다.

---

03 동 **목이 따끔거리다**

예 오늘 아침에는 공기가 매우 건조해서 **목이 따끔거렸어요.**

뜻 목이 마르거나 목에 염증이 생겨서 아픈 느낌이 들다.

---

04 형 **속이 쓰리다**

예 어제 술을 많이 마셔서 **속이 쓰려요.**

뜻 매우 배고프거나 술을 많이 마셔서 속이 좋지 않다.

---

05 형 **배가 더부룩하다**

예 저녁을 많이 먹어서 **배가 더부룩해요.**

뜻 소화가 잘 안되어 배 속이 거북하다.

06

형 **어지럽다**

예 요즘 잠을 잘 못 자서 머리가 자주 **어지러워요.**

뜻 (정신이) 흐려져서 불편하다.

07

동 **다리가 붓다**

예 하루 종일 걸어 다녔더니 **다리가 부었어요.**

뜻 다리에 물이나 혈액이 과다하게 모여서 부풀어 오르다.

08

명 **비염**

예 봄이 되면 꽃가루 때문에 **비염**이 심해져서 코가 자주 막히고 재채기를 해요.

뜻 콧속에 염증이 생겨 코막힘, 재채기, 콧물 등의 증상을 동반하는 호흡기 질환.

09

명 **기관지염**

예 목이 너무 아파서 병원에 갔더니 **기관지염**에 걸렸대요.

뜻 기관지의 염증으로 인해 기침, 가래, 고열 등의 증상이 나타나는 호흡기 질환.

10

명 **위염**

예 요즘 스트레스가 많아져서 **위염** 증상이 심해졌어요.

뜻 위 내막이 염증을 일으켜 위통, 구토, 속 쓰림 등의 증상을 동반하는 소화기 질환.

11

명 **장염**

예 차가운 음식을 많이 먹었더니 **장염**에 걸렸어요.

뜻 장 내부의 염증으로 인해 설사, 구토, 복통 등의 증상이 나타나는 소화기 질환.

연습문제 보기 와 같이 관련이 있는 어휘를 고르세요.

> 고열이 나다   다리가 붓다   목이 따끔거리다
> 속이 쓰리다   어지럽다

> 보기
> 어제부터 체온이 계속 높아져서 현재는 집에서 푹 쉬고 있다. (고열이 나다)

1. 실내 공기가 건조해서 목이 마르고 불편하다. (   )

2. 카페에서 커피를 마시다가 속이 아프고 불편해서 집으로 돌아왔다. (   )

3. 오늘 등산을 했더니 다리가 피로하고 걷기가 불편하다. (   )

4. 술을 많이 마셨더니 취해서 머리가 복잡하고 정신이 없다. (   )

1 동사 + -되

앞 내용을 인정하면서 그에 대한 조건이나 예외 등이 있다는 것을 표현할 때 사용한다.

동사	• 받침 ○, × + -되	예 도서관에서 책을 읽되 조용히 읽어야 한다.
		예 쇼핑을 하되 필요한 것만 사야 한다.

동사	-되	동사	-되
일을 열심히 하다	일을 열심히 하되	운동을 하다	
공부하다		밥을 먹다	
친구와 놀다		옷을 입다	
영화를 보다		시험을 준비하다	
마스크를 쓰다		요리를 하다	

연습문제 보기와 같이 문장을 완성하세요.

> 보기 **공부를 하되** 너무 긴 시간 동안 집중하지 않아야 한다.
> (공부를 하다)

1. TV를 _____ 너무 많이 보지 않아야 한다.
(시청하다)

2. _____ 건강을 위해 적당히 마셔야 한다.
(술을 마시다)

3. 인터넷으로 _____ 믿을 수 있는 정보를 찾아야 한다.
(검색을 하다)

4. 일을 할 때는 _____ 밤늦게까지 무리하는 것은 건강에 좋지 않다.
(최선을 다하다)

2 동사+ -았/었더니

과거에 직접 경험한 사실에 대한 결과를 말할 때 사용한다.

동사	• ㅏ, ㅗ ○ + -았더니	예 어제 창문을 열고 잤더니 감기에 걸렸어요.
	• ㅏ, ㅗ ✕ + -었더니	예 아까 어지러워서 약을 먹었더니 지금은 괜찮아졌어요.
	• 하다 = 했더니	예 어제 늦게까지 일했더니 오늘 아침에 늦잠을 잤어요.

동사	-았/었더니	동사	-았/었더니
약을 먹다	약을 먹었더니	푹 쉬다	
열심히 공부하다		무리하다	
밤늦게까지 놀다		세탁기로 옷을 빨다	
얇은 옷을 입다		산책하다	
학교에 가다		*노래를 부르다	

연습문제 보기와 같이 문장을 완성하세요.

> 보기
> 지난주말에 많이 **먹었더니** 체중이 늘었어요. (먹다)

1. 시험 준비를 _____ 성적이 떨어졌어요. (소홀히 하다)

2. 친구랑 노래방에서 노래를 많이 _____ 며칠 동안 목이 아팠어요. (*부르다)

3. 부산을 여행하며 여기저기 _____ 다리가 부었어요. (다니다)

4. 며칠 동안 회사 일이 많아서 _____ 건강이 안 좋아진 것 같아요. (야근하다)

동 동사 형 형용사 명 명사 부 부사 표 표현

말하기

01 동 **무리하다**

예 요즘 회사 일 때문에 **무리했더니** 몸살이 났어요.

🖉

뜻 자기 힘에 부치는 일을 우기거나 애써 하다.

02 동 **어쩔 수 없다**

예 한국 사람과 대화하려면 **어쩔 수 없이** 한국어를 공부해야 해요.

🖉

뜻 다른 방법이 없기 때문에 그 일을 할 수밖에 없다.

03 동 **전염되다**

예 최근에 해외에서 유행 중인 바이러스가 우리나라에도 **전염되고 있다.**

🖉

뜻 병이나 바이러스 등이 다른 사람이나 동물에게 전해져 감염이 되다.

듣기

01 명 **유통 기한**

예 **유통 기한**이 지난 음식을 먹으면 배탈이 날 수 있어요.

🖉

뜻 식품 따위의 상품이 시중에 유통될 수 있는 기한.

02 명 **급성**

예 **급성** 두통 때문에 어지러워서 하루 종일 침대에서 누워있었어요.

🖉

뜻 갑작스럽게 발생하거나 진행되는 성질.

어휘 쏙쏙 ─ 읽기 ①

01 **명 암**

예 과음과 과식을 하면 **암**에 걸릴 수 있다.

뜻 악성 종양의 일종으로, 세포의 비정상적인 증식에 의해 발생하는 질환.

02 **명 고혈압**

예 아들이 운동도 안 하고 맵거나 짠 음식을 좋아해서 **고혈압**에 걸릴까 봐 걱정돼요.

뜻 혈압이 정상 수치보다 높은 증상.

03 **명 당뇨병**

예 갑자기 살이 빠지거나 화장실에 자주 간다면 **당뇨병** 검사를 받아보는 것이 좋다.

뜻 소변에 당분이 많이 섞여 나오는 병.

04 **명 성인병**

예 요즘 젊은 층에서도 **성인병**이 증가하고 있다.

뜻 비만, 고혈압, 당뇨병 등 일반적으로 성인에게서 발생하는 만성질환.

05 **동 규칙적인 운동을 하다**

예 **규칙적인 운동을 하는** 것은 건강에 좋은 영향을 미친다.

뜻 일정한 주기나 빈도로 꾸준히 운동하다.

06 **동 충분한 수면을 취하다**

예 건강을 위해서 **충분한 수면을 취해야** 한다.

뜻 일반적으로 하루에 권장되는 수면 시간을 충족하다.

07 동 **균형 잡힌 식사를 하다**

예 다이어트를 할 때도 **균형 잡힌 식사를 하는** 것이 중요하다.

뜻 탄수화물, 단백질, 지방 등 영양소가 균형 있게 포함된 식사를 하다.

08 동 **금연하다**

예 건강을 위해서는 **금연하는** 것이 좋다.

뜻 담배를 피우지 않고 끊다.

09 동 **소금 섭취를 줄이다**

예 고혈압 예방을 위해 **소금 섭취를 줄이는** 것이 중요하다.

뜻 소금 든 음식을 적게 먹다.

어휘 쏙쏙 ― 읽기 ②

01 동 **시달리다**

예 요즘 사람들은 스트레스로 인해 여러 질병에 **시달리고 있다.**

뜻 어떤 일이나 상황으로 인해 지속적으로 어려움을 겪거나 고통을 느끼다.

02 형 **밀접하다**

예 성인병은 잘못된 생활 습관과 **밀접한** 관련이 있다.

뜻 서로 관련이 있거나 그런 관계를 가지고 있다.

03 동 **차지하다**

예 한국인의 사망 원인 중에서 가장 많은 비중을 **차지하는** 질병은 암이다.

뜻 어떤 영역이나 분야에서 우위를 차지하다.

---

04 형 **과도하다**

예 **과도한** 식사는 소화에 문제가 생길 수 있다.

뜻 일이나 행동, 생각 등이 너무 지나치거나 극도로 치닫다.

---

05 동 **권하다**

예 의사는 환자에게 금연과 금주를 **권했다.**

뜻 누군가에게 어떤 일을 하도록 강력히 조언하거나 추천하다.

---

06 명 **보**

예 지난주말에 등산으로 2만 **보**를 걸었다.

뜻 거리를 발걸음으로 재는 단위. 1보는 한 걸음 정도의 거리이다.

---

07 형 **기름지다**

예 오늘 먹은 고기가 **기름져서** 소화가 잘 되지 않는다.

뜻 음식이 기름 또는 지방으로 인해 기름기가 많다.

종합 연습

● 빈칸에 알맞은 어휘와 뜻을 쓰세요.

1. [   ] ➡ 몸에 높은 열이 나다.

2. [   ] ➡ 소화가 잘 안되어 배 속이 거북하다.

3. [   ] ➡ 비만, 고혈압, 당뇨병 등 일반적으로 성인에게서 발생하는 만성질환.

4. 재채기를 하다 ➡ [   ]

5. 권하다 ➡ [   ]

6. 속이 쓰리다 ➡ [   ]

● 빈칸에 알맞은 어휘를 써서 문장을 완성하세요.

1. 의사는 환자에게 금연과 금주를 _____. (-았/었다)

2. 요즘 회사 일 때문에 _____ 몸살이 났어요. (-았/었더니)

3. 요즘 사람들은 스트레스로 인해 여러 질병에 _____고 있다.

4. 최근에 해외에서 유행 중인 바이러스가 우리나라에도 _____고 있다.

08과 인터넷과 정보

어휘 쏙쏙 - 도입

01 통 **검색하다**
예 여행 계획을 세우기 위해 인터넷에서 여행 정보를 **검색하다가** 좋은 호텔과 맛집을 찾았어요.

직접 문장을 만들어 보아요.

뜻 정보나 자료를 찾아보다.

02 통 **전송하다**
예 친구에게 이메일을 **전송했어요.**

뜻 정보나 데이터를 인터넷을 통해서 먼 곳으로 보내다.

03 명 **단톡방**
예 반 친구들에게 수업 정보를 알려주기 위해 **단톡방**을 만들었다.

뜻 여러 사람이 모여 채팅하는 공간으로 '단체 톡(Talk)방'의 줄임말.

04 명 **댓글**
예 블로그에 여행 수기를 올렸더니 많은 **댓글**이 올라왔어요.

뜻 인터넷 콘텐츠나 소셜미디어 등에서 다른 사람이 작성한 글에 대해 작성한 의견이나 답글.

05 명 **재생**
예 이 영화는 넷플릭스에서 언제든지 **재생**할 수 있어요.

뜻 기존에 녹음되어 있는 오디오, 비디오 등의 미디어 콘텐츠를 다시 재생하는 것.

06 동 **접속하다**

예 카페 와이파이(Wi-Fi)에 **접속하면** 인터넷을 사용할 수 있어요.

뜻 어떤 시스템, 네트워크, 서비스 등에 연결되어 접근하다.

07 동 **입력하다**

예 사용자 정보를 **입력하면** 회원 가입이 완료됩니다.

뜻 어떤 정보나 데이터를 시스템에 넣다.

08 동 **동의하다**

예 내가 제안한 계획에 대해 회사 동료들도 **동의했다.**

뜻 다른 사람의 의견이나 주장을 받아들이고 그 의견을 같이하다.

09 동 **복사하다**

예 글쓰기를 할 때 인터넷의 정보를 그대로 **복사해서** 쓰면 안 돼요.

뜻 어떤 것을 모사해서 따라 만들거나 복제하다.

10 동 **저장하다**

예 이 파일을 USB에 **저장하면** 나중에 필요할 때 사용할 수 있어요.

뜻 정보나 데이터를 저장하여 나중에 다시 사용할 수 있도록 하다.

11 동 **공유하다**

예 저는 제 모든 일상을 SNS에 **공유하고 있어요.**

뜻 어떤 것을 다른 사람들과 함께 사용하거나 나누다.

연습문제 [보기]와 같이 알맞은 것을 골라 문장을 완성하세요.

검색하다　　전송하다　　입력하다　　복사하다　　저장하다

[보기]
부산으로 가는 항공권을 알아보기 위해 예매 정보를 **검색했다.**

1. 다운로드한 음악을 휴대폰에 _____ (-아/어서) 듣는다.

2. 은행 ATM에서 비밀번호를 _____ (-아/어야) 돈을 찾을 수 있다.

3. 사진을 친구들에게 공유하려고 카카오톡으로 _____. (-았/었다)

4. 한국어 수업을 듣는 학생 수만큼 학습 자료를 _____. (-았/었다)

1 동사/형용사 + (으)ㄴ/는다면서요?

다른 곳이나 다른 사람을 통해 알게 된 사실을 듣는 사람에게 확인하고 싶을 때 사용. 의문문의 형태로 끝난다.

동사	• 받침 ○ + –는다면서요?	예 알리 씨가 매운 음식을 잘 먹는다면서요?
	• 받침 × + –ㄴ다면서요?	예 찰리 씨가 4월에 결혼한다면서요?
형용사 있다/없다	• 받침 ○, × + –다면서요?	예 토니 씨가 한국 친구가 많다면서요?
		예 옥사나 씨, 러시아에도 여성의 날이 있다면서요?

TIP! 동사/형용사의 과거 형태: –았/었/했다면서요?

동사	–ㄴ/는다면서요?	형용사	–다면서요?
책을 많이 읽다	책을 많이 읽는다면서요?	한국어가 어렵다	
고향에 돌아가다		해외에서 인기가 많다	
내년에 결혼하다		일이 바쁘다	
제주도 여행을 가다		그 영화가 재미있다	
*다음 주에 회의가 있다		그 일이 힘들다	

연습문제 보기 와 같이 문장을 완성하세요.

> 보기
>
> 다음 달에 싱가포르로 출장을 **간다면서요**? (가다)

1. 레이 씨, 안스 씨한테 들었는데 다음 주에 대만에 ＿＿＿＿＿＿＿＿? (돌아가다)

2. 뉴스에서 봤는데 서울 집값이 많이 ＿＿＿＿＿＿＿? (비싸다)

3. 주하찬 씨, SNS에서 봤는데 지난 주말에 ＿＿＿＿＿＿? (이사했다)

4. 롱리 씨, 연예인 주동우가 중국에서 영화배우로 ＿＿＿＿＿? (유명하다)

2 동사 + -(으)ㄹ 겸 동사 + -(으)ㄹ 겸

한 가지 일을 하면서 여러 가지 목적이 있을 때 사용한다.

동사		예
	• 받침 ○ + -을 겸	예 책도 읽을 겸 공부도 할 겸 도서관에 가려고 해요.
	• 받침 ✕ + -ㄹ 겸	예 주말에 친구도 만날 겸 쇼핑도 할 겸 홍대에 갈 거예요.

동사	-(으)ㄹ 겸	동사	-(으)ㄹ 겸
장을 보다	장을 볼 겸	산책을 하다	
한국어를 배우다		한국어 연습을 하다	
친구를 만나다		교수님을 찾아뵈다	
출장을 가다		정보를 얻다	
*저녁을 만들다		*친구와 수다를 떨다	

연습문제 보기와 같이 문장을 완성하세요.

> 보기 **한국어도 배울 겸 새로운 친구들도 사귈 겸** 사회통합프로그램을 신청했어요.
> (한국어를 배우다 / 새로운 친구들을 사귀다)

1. 오랜만에 ＿＿＿＿＿＿＿＿＿＿＿＿＿ 백화점에 갔어요.
(쇼핑을 하다 / 맛있는 식당에 가다)

2. 이번 겨울에 ＿＿＿＿＿＿＿＿＿＿＿＿＿ 스키장에 가려고 해요.
(친구들과 놀다 / 스키를 배우다)

3. ＿＿＿＿＿＿＿＿＿＿＿＿＿ 요리 유튜브를 시작했어요.
(*한국 음식을 만들다 / 취미 생활을 하다)

4. ＿＿＿＿＿＿＿＿＿＿＿＿＿ 노래방에 갔어요.
(*스트레스를 풀다 / 좋아하는 노래를 부르다)

어휘 쏙쏙 · 말하기

01 동 **유출되다**

예 지난주에는 대형 은행의 고객 정보가 해킹으로 인해 **유출되었다**는 보도가 나왔다.

뜻 비밀이나 중요한 정보 등이 불법적으로 공개되다.

02 동 **악용되다**

예 개인정보가 유출되어 **악용되는** 범죄가 증가하고 있다.

뜻 알맞지 않게 쓰이거나 나쁜 일에 쓰이다.

03 동 **판단하다**

예 어떤 일이 발생했을 때, 그것이 옳은 것인지 아닌지를 **판단하는** 것은 매우 중요하다.

뜻 어떤 사실이나 상황에 대해 판정이나 결정을 내리다.

04 형 **심각하다**

예 사람들이 버린 쓰레기와 오염 물질로 인해 지구는 **심각한** 환경 파괴를 겪고 있다.

뜻 상황이나 문제, 상태가 매우 깊고 중대하며, 대처하기 어렵다.

어휘 쏙쏙 ● 듣기

01 **명 입장**

예 기자들은 대통령의 **입장**을 듣기 위해 기다리고 있다.

🖉

뜻 어떤 주제나 문제에 대해 개인이나 집단이 취하는 태도나 견해.

02 **명 해커**

예 그 **해커**는 은행 고객들의 개인 정보를 유출해서 돈을 벌었다.

🖉

뜻 컴퓨터 전문 지식을 이용해 시스템에 불법으로 침입하거나 보안을 우회하는 등의 행위를 하는 사람.

어휘 쏙쏙 ● 읽기 ①

01 **동 저하되다**

예 잦은 회식과 야근으로 인해 회사원들의 체력이 **저하되고 있다.**

🖉

뜻 어떤 상태나 수준이 나빠져서 악화되거나 감소되다.

02 **동 무기력해지다**

예 학업 스트레스와 야외 활동 부족으로 인해 아이들이 **무기력해지고 있다.**

🖉

뜻 기운이 없어져 활기가 없는 상태가 되다.

03 ❘ 명 **기억력**

예 새로운 정보를 외우기 위해서는 좋은 **기억력**이 필요하다.

뜻 기억을 저장하고 유지하며 생각해 내는 능력.

---

04 ❘ 명 **거북목**

예 컴퓨터 앞에서 일하는 사람들은 자세를 잘못 유지하면 **거북목**이 될 수 있다.

뜻 스마트폰, 태블릿, 컴퓨터 등을 오랫동안 사용하다 보면 목이 앞으로 휘어지게 되는 증상.

---

05 ❘ 명 **증후군**

예 거북목 **증후군**을 예방하기 위해서는 규칙적인 스트레칭과 자세 교정이 필요하다.

뜻 질병이나 상태의 특정한 징후를 말하는데 다양한 원인에 의해 발생할 수 있으며, 종종 진단이 어려울 수 있음.

---

06 ❘ 명 **의존성**

예 스마트폰이나 인터넷 등의 디지털 기술에 대한 **의존성**이 높아지고 있다.

뜻 무언가에 지나치게 의지하게 되어 그것 없이는 삶을 유지할 수 없는 상태.

---

07 ❘ 명 **익명성**

예 **익명성** 보장을 위해 닉네임을 사용하는 인터넷 커뮤니티가 많다.

뜻 어떤 행위를 한 사람이 누구인지 개인 정보가 드러나지 않는 특성.

어휘 쏙쏙 — 읽기 ②

01 형 **손쉽다**

예 이 요리는 재료와 조리법이 간단해서 **손쉽게** 만들 수 있어요.

뜻 어떤 일을 쉽게 할 수 있거나 해결하기 쉽다.

---

02 형 **지나치다**

예 운동을 할 때 **지나치게** 열심히 하면 건강이 나빠질 수 있다.

뜻 (일이나 현상 따위가) 어떤 한도 나 기준을 넘어선 상태에 있다.

---

03 동 **단절되다**

예 최근들어 우리 가족은 바쁜 일상으로 인해 대화가 점점 **단절 되고 있다.**

뜻 어떤 것이 끊어지거나 끊기다.

---

04 명 **사생활**

예 **사생활** 침해는 SNS가 일상화된 세상에서 더욱 늘어나고 있다.

뜻 개인의 생활 및 사적인 영역.

---

05 동 **노출되다**

예 인터넷 검색어를 입력하면 해당 검색어와 관련된 광고가 **노출 된다.**

뜻 어떤 것이나 어떤 상황이 겉으 로 드러나다.

---

06 형 **소홀하다**

예 요즘 일이 바빠서 공부에 **소홀했더니** 시험에서 좋은 성적을 받지 못했다.

뜻 세심한 주의나 관심을 기울이 지 않거나 대충 대하다.

종합 연습

● 빈칸에 알맞은 어휘와 뜻을 쓰세요.

1. [   ] ➡ 정보나 자료를 찾아보다.

2. [   ] ➡ 어떤 일을 쉽게 할 수 있거나 해결하기 쉽다.

3. [   ] ➡ 인터넷 콘텐츠나 소셜미디어 등에서 다른 사람이 작성한 글에 대해 작성한 의견이나 답글.

4. 사생활 ➡ [   ]

5. 유출되다 ➡ [   ]

6. 기억력 ➡ [   ]

● 빈칸에 알맞은 어휘를 써서 문장을 완성하세요.

1. 친구에게 이메일을 ＿＿＿＿＿＿＿＿. (-았/었어요)

2. ＿＿＿＿＿＿＿＿ 보장을 위해 닉네임을 사용하는 인터넷 커뮤니티가 많다.

3. 최근들어 우리 가족은 바쁜 일상으로 인해 대화가 점점 ＿＿＿＿＿＿＿＿고 있다.

4. 스마트폰이나 인터넷 등의 디지털 기술에 대한 ＿＿＿＿＿＿＿＿이 높아지고 있다.

09과 사고와 사건

어휘 쏙쏙 - 도입

01

동 **넘어지다**

예 공원에서 자전거를 타다가 **넘어졌어요.**

뜻 사람이나 물체가 한쪽으로 기울어지며 쓰러지다.

> 직접 문장을 만들어 보아요.

02

동 **미끄러지다**

예 길을 걷다가 빙판길에서 **미끄러졌어요.**

뜻 얼음판이나 진흙탕 또는 비탈진 곳 따위에서 넘어지거나 한쪽으로 밀려 나가다.

03

동 **물에 빠지다**

예 바다에서 수영하다가 깊은 **물에 빠졌어요.**

뜻 물속으로 떨어져 빠져들게 되다.

04

동 **떨어지다**

예 나무 위에서 **떨어져서** 팔을 다친 적이 있어요.

뜻 (무엇이 어디에) 높은 곳에서 아래로 내려오게 되다.

05

동 **물건에 맞다**

예 선반에 떨어진 **물건에 맞아서** 머리를 다쳤어요.

뜻 물건에 부딪혀서 충격이나 피해를 입다.

06 **동 차에 치이다**
예 자전거 타고 길을 건너던 중에 **차에 치였어요.**
뜻 차와 부딪히거나 상처를 입거나 부상을 입다.

07 **동 베이다**
예 야채를 썰다가 손가락을 칼에 **베였어요.**
뜻 (신체 부위가 날이 있는 물건에) 스치어 상처가 나다.

08 **동 데다**
예 끓는 물을 실수로 쏟아서 다리를 **데었어요.**
뜻 (사람이 무엇에 몸의 일부를) 실수로 뜨거운 물건에 닿아 살이 상하다.

09 **동 이마가 찢어지다**
예 친구들과 축구를 하다가 공에 맞아서 **이마가 찢어졌어요.**
뜻 이마가 매우 강한 충격으로 인해 찢기어 갈라지다.

10 **동 발목이 삐다**
예 굽 높은 구두를 신고 걷다가 **발목이 삐었어요.**
뜻 걸을 때나 뛰다가 발목이 일시적으로 뒤틀려서 뼈마디가 어긋나다.

11 **동 깁스를 하다**
예 스키를 타다가 다리를 다쳐서 한 달 동안 **깁스를 했어요.**
뜻 부상 등으로 인해 상처 부위에 깁스를 씌우다.

12 🔵 **목발을 짚다**

📋 며칠 전에 발목을 다쳐서 **목발을 짚고** 걸어 다녀요.

🖊

📖 다리 부상으로 인해 겨드랑이에 끼고 걷는 지팡이에 몸을 의지하다.

13 🔵 **꿰매다**

📋 이마가 찢어져서 병원에 가서 상처를 **꿰맸어요.**

🖊

📖 상처가 나서 벌어진 상처 부위를 봉합하다.

연습문제 〔보기〕와 같이 알맞은 것을 골라 문장을 완성하세요.

넘어지다   미끄러지다   베이다   데다   발목이 삐다

〔보기〕
공원에서 산책하다가 발이 돌에 걸려서 **넘어졌어요**. (-았/었어요)

1. 요리를 하다가 손가락을 칼에 _____. (-았/었어요)

2. 달리기를 하다가 _____(-아/어서) 목발을 짚게 됐어요.

3. 뜨거운 커피를 급하게 마셨더니 혀를 _____. (-았/었어요)

4. 눈이 오는 날 길을 걷다가 _____(-아/어서) 다리를 다쳤어요.

1 동사+ -(으)ㄹ 뻔하다

그 일이 일어나지 않았지만 거의 일어날 것 같은 상황까지 갔음을 표현할 때 사용, 항상 과거형으로 사용한다.

동사	• **받침 ○ + -을 뻔하다**	예 보이스 피싱에 속을 뻔했어요.
	• **받침 ✕ + -ㄹ 뻔하다**	예 오늘 늦게 일어나서 학교에 지각할 뻔했어요.

동사	-(으)ㄹ 뻔하다	동사	-(으)ㄹ 뻔하다
배고파 죽다	배고파 죽을 뻔하다	버스를 놓치다	
커피를 다 쏟다		교통사고가 나다	
약을 잘못 먹다		다리를 다치다	
회사에 늦다		*너무 슬퍼서 울다	

연습문제 보기 와 같이 문장을 완성하세요.

> 보기
> 늦게 일어나서 회사에 **지각할 뻔했어요.** (지각하다)

1. 지하철에서 졸다가 내릴 곳을 _____. (놓치다)

2. 휴대 전화를 보면서 걷다가 자전거에 _____. (부딪히다)

3. 드라마를 보는데 너무 슬퍼서 _____. (*울다)

4. 밖에 눈이 많이 오는데 미끄러워서 길에서 _____. (넘어지다)

2 명사 + (으)로 인해

격식적인 상황에서 뒤에 나오는 일의 원인을 나타낼 때 사용한다.

명사		
	• 받침 ○ + 으로 인해	예 그 지역은 태풍으로 인해 많은 피해를 입었다.
	• 받침 ✕ + 로 인해	예 엘리베이터 수리로 인해 5시까지 이용할 수 없다.

명사	(으)로 인해	명사	(으)로 인해
운동 부족	운동 부족으로 인해	교통사고	
과학의 발전		인스턴트 과다 섭취	
지하철 고장		지구 온난화	
스마트폰 사용		성인병 증가	

연습문제 보기 와 같이 문장을 완성하세요.

> 보기 출퇴근 시간에 **도로 공사로 인해** 시민들이 불편을 겪었다.
> (도로 공사)

1. _____ 학교 행사 일정이 연기되었습니다.
   (*폭설)

2. 계속되는 _____ 회사를 그만두기로 했어요.
   (업무 스트레스)

3. 한국 드라마의 _____ 한국어를 배우는 학습자가 많아졌다.
   (인기)

4. 그 배우는 _____ 경찰 조사를 받게 되었다.
   (음주운전)

어휘 쏙쏙 - 말하기

01

명 빙판

예 아이가 **빙판**에 넘어져서 팔이 부러졌다.

뜻 물이나 눈 따위가 얼어서 미끄럽게 된 바닥.

02

동 화상을 입다

예 뜨거운 물을 쏟아서 다리에 **화상을 입었다.**

뜻 뜨거운 물, 불, 산성 물질 등으로 인해 피부가 타고 상처가 생기다.

03

명 붕대

예 상처가 난 손에 약을 바르고 **붕대**를 감았다.

뜻 상처나 부상 부위를 싸서 가려 주거나 압박을 가하는 데 사용되는 물건.

04

표 천만다행이다

예 교통사고를 당했지만 크게 다치지 않아서 **천만다행이었다.**

뜻 어떤 위기 상황이나 곤란한 상황에서 끝나서 다행이라는 의미.

05

부 하마터면

예 버스를 놓쳐서 **하마터면** 약속에 늦을 뻔했는데 다행히 제시간에 도착했어요.

뜻 어떤 상황에서 가까스로 그 상황이 벌어지지 않았을 때 쓰이는 표현.

어휘 쏙쏙 - 듣기

01 동 **부딪히다**

예 길을 건너다가 달려오는 오토바이에 **부딪혔어요.**

뜻 다른 힘에 의하여 강하게 충돌하다.

02 명 **문병**

예 교통사고로 입원한 친구의 **문병**을 다녀왔어요.

뜻 병원에 입원한 환자를 찾아가서 위로함.

어휘 쏙쏙 - 읽기 ①

01 명 **가해자**

예 경찰은 범행 후 도주하던 **가해자**를 붙잡았다.

뜻 다른 사람에게 신체적, 경제적 피해를 주거나 사고를 낸 사람.

02 명 **피해자**

예 교통사고를 당한 **피해자**는 결국 사망했다.

뜻 다른 사람에게 신체적, 경제적 피해를 받거나 사고를 당한 사람.

03 명 **부상자**

예 그 사고로 인해 많은 **부상자**가 생겼고, 병원에서 치료를 받는 중이다.

뜻 상처를 입거나 다른 사고로 인해 신체적 또는 정신적으로 다친 사람.

04 명 **사망자**

예 해마다 교통사고로 인한 **사망자**가 늘어나고 있다.

뜻 어떤 사건이나 사고로 인해 죽은 사람.

---

05 명 **용의자**

예 경찰은 이번 살인 사건의 **용의자**로 A 씨를 조사하고 있다.

뜻 어떤 범죄나 사건의 용의가 있다고 추정되어 조사 대상이 되는 사람.

---

06 명 **사기 사건**

예 큰돈을 벌게 해 준다는 업체가 해외로 도주한 **사기 사건**이 발생했다.

뜻 자신의 이익을 위해 남을 속이는 범죄.

---

07 명 **절도 사건**

예 최근 차량 **절도 사건**이 증가하고 있다.

뜻 남의 물건을 몰래 훔치는 범죄.

---

08 명 **방화 사건**

예 **방화 사건** 중에 자기 집에 직접 불지른 사례가 50%가 넘는다고 한다.

뜻 일부러 불을 지르는 범죄.

---

09 명 **폭행 사건**

예 층간 소음에 항의한 아래층 이웃에게 폭력을 휘두른 **폭행 사건**이 발생했다.

뜻 다른 사람을 때리는 등 난폭한 행동으로 벌어지는 범죄.

10 명 **강도 사건**

예 택시 운전사를 폭행한 뒤 차량과 금품을 빼앗아 달아난 **강도 사건**이 일어나 경찰이 수사에 들어갔다.

뜻 폭행이나 협박 등으로 남의 돈 이나 물건을 빼앗는 범죄.

✎

11 명 **뺑소니 사건**

예 40대 남성이 노인을 차로 친 후에 도주한 **뺑소니 사건**이 발생했다.

뜻 잘못을 저질러 놓고 급하게 몰래 도망가는 범죄.

✎

어휘 쏙쏙 - 읽기 ②

01 **명 사건 기사**

예 어제 뉴스에서 본 **사건 기사**가 오늘 아침 신문에도 보도되었다.

뜻 어떤 사건이나 사고에 대해 알리는 글.

/

02 **동 체포하다**

예 경찰은 절도 사건의 용의자를 **체포했다.**

뜻 어떤 범죄를 저지른 사람이나 범죄 혐의가 있는 사람을 경찰이나 검찰이 법적으로 구속하다.

/

03 **명 거주자**

예 이 아파트에는 청년층 **거주자**들이 많이 살고 있다.

뜻 특정한 지역이나 공간에 살고 있는 사람.

/

04 **동 혐의를 받다**

예 이 씨는 CCTV에 찍힌 절도범과 얼굴이 비슷해서 물건을 훔쳤다는 **혐의를 받고 있다.**

뜻 범죄나 잘못된 일을 저지른 것으로 의심되어 수사나 조사를 받다.

/

05 **동 잇따르다**

예 최근 인터넷 쇼핑몰 사기 신고가 경찰에 **잇따라** 접수되고 있다.

뜻 어떤 사건이나 상황이 연속적으로 일어나거나 이어지다.

/

06 **형 끈질기다**

예 꿈을 이루기 위해서는 **끈질긴** 노력이 필요하다.

뜻 어떤 목표를 이루기 위해 포기하지 않고 계속해서 하거나, 끊임없이 노력하다.

/

07 | **명 수사**
예 경찰은 끈질긴 **수사** 끝에 연쇄 방화범을 체포했다.

뜻 경찰이 범죄나 불법 행위를 조사하고 증거를 수집하는 활동.

---

08 | **동 대피하다**
예 지진이 발생하면 즉시 안전한 장소로 **대피해야 한다.**

뜻 자연재해, 화재, 전쟁, 테러 등으로 인해 위험에 노출될 때 안전한 장소로 이동하거나 피하다.

---

09 | **동 번지다**
예 5층에서 시작된 불이 10층까지 **번지면서** 많은 집이 피해를 입었다.

뜻 병이나 불, 전쟁 따위가 더 넓은 범위로 퍼져 나가다.

---

10 | **형 신속하다**
예 그 회사는 주문이 들어오면 **신속하게** 상품을 배송한다.

뜻 일 처리나 행동이 매우 빠르다.

종합 연습

● 빈칸에 알맞은 어휘와 뜻을 쓰세요.

1. [   ] ➡ 물이나 눈 따위가 얼어서 미끄럽게 된 바닥.

2. [   ] ➡ 남의 물건을 몰래 훔치는 범죄.

3. [   ] ➡ 다른 사람에게 신체적, 경제적 피해를 주거나 사고를 낸 사람.

4. 사망자 ➡ [   ]

5. 화상을 입다 ➡ [   ]

6. 깁스를 하다 ➡ [   ]

● 빈칸에 알맞은 어휘를 써서 문장을 완성하세요.

1. 길은 건너다가 달려오는 오토바이에 _____. (-았/었어요)

2. 그 사고로 인해 많은 _____가 생겼고, 병원에서 치료를 받는 중이다.

3. 교통사고로 입원한 친구의 _____을 다녀왔어요.

4. 40대 남성이 노인을 차로 친 후에 도주한 _____이 발생했다.

10과 올바른 언어생활

어휘 쏙쏙 ─ 도입

01 **동 언어 예절을 지키다**

예 어떤 언어를 사용하든 상황과 장소에 맞는 **언어 예절을 지켜야** 한다.

뜻 말과 글에서 적절한 언어 사용의 규범이나 규칙을 지키다.

직접 문장을 만들어 보아요.

🖊

02 **동 비속어를 사용하지 않다**

예 아무리 화가 나도 상대에게 **비속어를 사용하지 않아야** 한다.

뜻 상대에게 불쾌감을 줄 수 있는 말과 표현을 사용하지 않다.

🖊

03 **동 표준어를 구사하다**

예 서울 사람들은 **표준어를 구사하지만** 부산 사람들은 사투리를 구사한다.

뜻 각 나라에서 의사소통의 기준이 될 수 있도록 공식적으로 정해 놓은 표준 언어 규범을 지켜서 말하다.

🖊

04 **동 적절한 호칭을 쓰다**

예 처음 만난 사람에게 **적절한 호칭을 쓰고 싶은데** 어떻게 불러야할지 고민이 돼요.

뜻 호칭은 상대방을 부를 때 사용하는 말로 적절한 호칭을 쓰면 상대방에 대한 예의와 존중을 표시할 수 있다.

🖊

05 **동 맞춤법이 틀리다**

예 한국어로 말할 때는 문제가 없는데 글을 쓸 때는 자주 **맞춤법이 틀려요.**

뜻 글자를 사용할 때에 바르게 쓰기 위한 규칙을 잘못 사용하다.

🖊

06　동 **띄어쓰기를 잘못하다**

예 교수님께 메일을 쓸 때 **띄어쓰기를 잘못했을까 봐** 항상 확인하고 보내요.

뜻 글을 쓸 때, 어문 규범에 따라 어떤 말을 앞말과 띄어 쓰는 일을 잘못하다.

07　형 **억양이 부자연스럽다**

예 처음 한국어를 말할 때 제 **억양이 부자연스러워서** 한국 친구들이 제가 하는 말을 잘 알아듣지 못했어요.

뜻 말할 때 음성의 높낮이, 강조, 리듬, 속도, 경음 등과 같은 말하는 방식이 자연스럽지 못하다.

08　형 **속담 활용이 어렵다**

예 한국어를 공부한 지 오래 되었는데도 아직까지 **속담을 활용해서** 말하는 것이 **어려워요.**

뜻 경험과 지혜를 담아낸 짧은 글귀인 속담을 일상 생활에서 말하기가 어렵다.

09　동 **신조어, 유행어를 따라 하다**

예 TV 예능 프로그램에서 자주 나오는 **신조어와 유행어를 따라 하는** 아이들이 많아지고 있다.

뜻 최근에 생겨난 새로운 단어를 사용되거나 특정 시기나 상황에서 일시적으로 인기 있는 언어 표현을 따라 하다.

10　동 **동문서답을 하다**

예 한국 친구가 저한테 요즘 어떻게 지내느냐고 물어봤는데 제가 날씨가 좋다고 **동문서답을 한** 적이 있어요.

뜻 동쪽을 묻는데 서쪽으로 대답한다는 뜻으로 질문에 전혀 맞지 않는 엉뚱한 대답을 하다.

11　동 **높임말이 헷갈리다**

예 반말과 **높임말이 헷갈릴** 때가 많아요.

뜻 사람이나 사물 따위의 대상을 높여 이르는 말이 구분되지 않아서 혼란스러워 하다.

연습문제 보기와 같이 알맞은 것을 골라 문장을 완성하세요.

> 높임말   호칭   맞춤법   비속어   표준어

> 보기
> 한국어에서는 상대방을 대할 때 존댓말, 즉 **높임말**을 사용하는 것이 중요하다.

1. 수업 시간에는 한국어에서는 공식적인 표준 언어 규범인 _____ (을/를) 사용해야 한다.

2. 다른 사람과 대화할 때 불쾌감을 느끼게 하는 _____ ((이)나) 욕설을 하지 말아야 한다.

3. 한국어를 배울 때 친척들을 부르는 _____ (이/가) 많아서 어려웠어요.

4. 글을 쓸 때는 _____ (을/를) 지켜가면서 써야 한다.

1 동사 + -고 말다

의도하지 않은 일이 결국 일어나서 그것에 대해 안타까운 느낌을 표현하고자 할 때 사용한다.

동사	• 받침 ○ , × + -고 말다	예 친구와 크게 싸웠는데 너무 속상해서 펑펑 울고 말았어요.
		예 막차를 타려고 뛰어갔지만 결국 놓치고 말았어요.

TIP! '-고 말았다' 형태로 많이 사용

동사	-고 말다	동사	-고 말다
야식을 먹다	야식을 먹고 말다	사업이 망하다	
남자 친구와 헤어지다		감기에 걸리다	
시험에 떨어지다		컴퓨터가 고장이 나다	
화를 내다		잠이 들다	
돈을 다 쓰다		교통 사고가 나다	

연습문제 [보기]와 같이 문장을 완성하세요.

> [보기]
> 너무 배고파서 밤늦게 라면을 **먹고 말았어요.** (먹다)

1. 열심히 공부했지만 시험에 _____. (떨어지다)

2. 키우던 꽃을 잘 관리하지 못해서 꽃이 _____. (시들다)

3. 버스에 가방을 두고 내렸는데 결국 못 찾고 _____. (잃어버리다)

4. 요즘 매일 야근했더니 결국 _____. (몸살이 나다)

2 동사 + -는 척하다 / 형용사 + -(으)ㄴ 척하다

행동이나 상황을 거짓으로 꾸며서 말할 때 사용한다.

동사 있다/없다	· 받침 ○, × + -는 척하다	예 처음 한국에 왔을 때 한국 친구와 친해지고 싶어서 매운 음식을 잘 먹는 척했어요.
		예 아이가 장난감을 사달라고 엄마 앞에서 우는 척했어요.
형용사	· 받침 ○ + -은 척하다	예 그 사람은 돈이 없는데 돈이 많은 척했어요.
	· 받침 × + -ㄴ 척하다	예 그 드라마의 여자 주인공이 너무 예쁜 척해서 보기 싫어요.

동사	-는 척하다	형용사	-(으)ㄴ 척하다
모르다	모르는 척하다	괜찮다	
자다		아프다	
집에 없다		바쁘다	
열심히 공부하다		*맛있다	
*알다		*귀엽다	

연습문제 보기 와 같이 알맞은 것을 골라 문장을 완성하세요.

아프다   없다   맛있다   알다   바쁘다

> **보기**
> 학교에 가기 싫어서 선생님께 전화해서 **아픈 척했어요**. (-았/었어요)

1. 한국 사람들과 대화할 때 모르는 단어가 나와도 _____. (-아/어요)

2. 친구가 만들어 준 요리가 너무 짰지만 _____. (-았/었어요)

3. 저는 친구가 놀자고 할 때 밖에 나가고 싶지 않으면 _____. (-아/어요)

4. 친구가 돈을 빌려 달라고 해서 돈이 _____. (-았/었어요)

동 동사 형 형용사 명 명사 부 부사 표 표현

 - 말하기

01 형 **유창하다**
　예 한국어가 **유창한** 외국인이 많아지고 있다.

　뜻 자신의 생각이나 의견을 명확하게 표현하면서 말이나 글을 자유롭고 능숙하게 구사하다.

02 동 **의도하다**
　예 어휘나 문법을 많이 공부해도 **의도한 대로** 말하기가 어려워요.

　뜻 무엇을 하려고 생각하거나 힘을 쓰다.

어휘 - 듣기

01 명 **직설적**
　예 제가 **직설적**으로 말하는 습관이 있어서 듣는 사람이 상처를 받을 때도 있어요.

　뜻 말이나 행동이 직접적이고 솔직하며 감정을 숨기지 않고 표현하다.

02 동 **격식을 차리다**
　예 장례식과 같이 **격식을 차려야** 하는 곳에서는 검은 정장을 입고 가야 해요.

　뜻 손님을 맞이할 때나 특별한 자리에서 모임을 가질 때 자신의 모습과 태도, 행동을 바꾸다.

03 **명** **제안**

예 면접 본 회사에서 새로운 프로젝트를 함께 해 보자는 **제안**을 받았어요.

뜻 어떤 대안이나 의견을 내놓는 것.

 어휘 - 읽기 ①

01 **동** **재치가 있다**

예 알리 씨는 항상 **재치가 있는** 말을 해서 모두를 웃게 해요.

뜻 유머나 재미있는 발언이나 행동을 할 수 있는 능력이 있다.

02 **동** **새로운 현상을 표현할 수 있다**

예 요즘 뉴스나 신문에서도 **새로운 현상들을 표현할 수 있는** 신조어를 많이 사용한다.

뜻 새로운 아이디어나 개념을 표현하는 능력이 있다.

03 **동** **쉽게 공감할 수 있다**

예 이 책의 이야기는 현대 사회에서 많은 사람들이 겪는 문제를 다루기 때문에 독자들은 **쉽게 공감할 수 있다.**

뜻 다른 사람의 생각이나 감정을 이해하고 공감하는 것이 쉽다.

04 **동** **젊은 세대와 소통이 잘 되다**

예 유튜브를 시작하신 할머니께서는 **젊은 세대와 소통이 잘 된다**며 좋아하셨다.

뜻 젊은 세대와 이야기하는 것이 쉽고 원활하다.

05 동 **언어가 파괴되다**

예 SNS를 통해 빠르게 퍼지고 있는 새로운 말과 글로 인해 **언어가 파괴되는** 현상을 우려하는 목소리가 커지고 있다.

뜻 언어의 기본 원칙이 손상되면서 그 언어를 사용하는 사람들 사이에서 의사소통이 어려워지다.

06 형 **의미가 확실하지 않다**

예 그 글의 내용이 너무 복잡해서 **의미가 확실하지 않다.**

뜻 어떤 글이나 말의 의미가 모호하거나 정확하지 않다.

07 동 **혼란을 일으키다**

예 정확하지 않은 정보는 사람들에게 **혼란을 일으킬 수** 있어요.

뜻 다른 사람들이나 상황을 혼란스럽게 만들거나, 혼란스러운 상태를 만들어내다.

08 동 **세대 간의 소통 단절을 유발하다**

예 젊은 세대와 노년층 사이에 커다란 세대 간의 격차가 생기면서, **세대 간의 소통 단절을 유발할 수 있다는** 우려가 커지고 있다.

뜻 서로 다른 세대 간에 의사소통이 원활하지 않아서 서로 이해하고 공감할 수 없게 되다.

어휘 쏙쏙 - 읽기 ②

01 명 **칼럼**

예 이번 달 잡지 **칼럼**에서는 환경 문제에 대한 이야기가 나온다.

뜻 신문, 잡지, 인터넷 등에서 글쓰기를 담당하는 기자나 전문가가 자신의 의견, 견해, 생각 등을 제시하는 글.

02 동 **반영하다**

예 그 영화는 현재 사회적 문제를 **반영하고** 있다.

뜻 어떤 대상이나 상황 등이 다른 대상이나 상황에 영향을 미치거나 그 영향을 받다.

---

03 명 **출현**

예 무분별한 신조어의 **출현**으로 의사소통의 어려움을 느끼는 사람이 늘어나고 있다.

뜻 어떤 것이 처음으로 나타나거나 현실에 나타나는 것.

---

04 동 **파괴하다**

예 신조어의 사용은 언어를 **파괴하는** 요인이 될 수 있다.

뜻 무언가를 완전히 파괴하거나 망치다.

---

05 동 **지적하다**

예 전문가들은 젊은 세대들이 쓰는 신조어가 세대 간의 소통 단절을 유발한다고 **지적했다.**

뜻 다른 사람의 잘못이나 부족한 점을 가리켜 알리다.

---

06 동 **지양하다**

예 건강을 위해서는 기름기가 많거나 자극적인 음식을 **지양해야** 한다.

뜻 어떤 것을 피하거나, 하지 않도록 노력하다.

---

07 동 **차지하다**

예 신조어를 이해하지 못하는 직장인 약 90%를 **차지한다.**

뜻 비율, 비중 따위를 이루다.

종합 연습

● 빈칸에 알맞은 어휘와 뜻을 쓰세요.

1. [_____] → 글자를 사용할 때에 바르게 쓰기 위한 규칙을 잘못 사용하다.

2. [_____] → 동쪽을 묻는데 서쪽으로 대답한다는 뜻으로 질문에 전혀 맞지 않는 엉뚱한 대답을 하다.

3. [_____] → 신문, 잡지, 인터넷 등에서 글쓰기를 담당하는 기자나 전문가가 자신의 의견, 견해, 생각 등을 제시하는 글.

4. 제안 → [_____]

5. 반영하다 → [_____]

6. 지적하다 → [_____]

● 빈칸에 알맞은 어휘를 써서 문장을 완성하세요.

1. 한국어가 _____ 외국인이 많아지고 있다. (-(으)ㄴ)

2. 정확하지 않은 정보는 사람들에게 _____을 일으킬 수 있어요.

3. 그 영화는 현재 사회적 문제를 _____고 있다.

4. 서울 사람들은 _____를 구사하지만 부산 사람들은 사투리를 구사한다.

11과 한국의 교육 제도

어휘 쏙쏙 - 도입

01

명 국립 학교

예 저는 학비가 저렴한 **국립 학교**에 진학했어요.

뜻 나라에서 지원하고 운영하는 대표적인 교육 기관.

직접 문장을 만들어 보아요.

02

명 공립 학교

예 한국의 중·고등학교는 대부분 국**공립 학교**로 운영되지만 사립 학교도 많이 있다.

뜻 시나 도에서 운영하는 교육 기관.

03

명 사립 학교

예 **사립 학교**는 학비가 비싼 편이다.

뜻 개인이나 개인 단체가 만들어서 운영하는 교육 기관.

04

명 대안 학교

예 **대안 학교**에서는 일반 학교보다 더 자유로운 분위기에서 학생들이 학습하게 된다.

뜻 대안 학교는 기존의 교육제도에서 벗어나 새로운 교육 방식을 시도하는 학교.

05

명 공교육

예 **공교육**은 모든 학생들에게 무상으로 교육을 제공한다.

뜻 대규모의 학생들에게 균일하게 교육을 제공하고 국가나 지역 사회의 교육 목표에 따라 운영하는 무상 교육.

06 명 **사교육**

예 대학 입시를 앞둔 고등학생들은 방과 후에도 **사교육**을 받는다.

✏️

뜻 학교 교육 외에 집에서나 학원 등에서 제공되는 교육으로 개인이나 소규모 그룹으로 이루어지는 교육.

07 명 **교육열**

예 자식에 대한 학부모들의 **교육열**이 높아지고 있다.

✏️

뜻 교육에 대한 열정이나 관심.

08 명 **주입식 교육**

예 **주입식 교육**은 학생들의 수업 흥미도와 참여율을 떨어트린다.

✏️

뜻 교사가 학생들에게 어떤 정보나 지식을 단순히 외우게 하는 교육.

09 명 **창의 교육**

예 이 학교는 **창의 교육**에 많은 비중을 두고 있어서 학생들이 직접 문제를 찾아서 해결하고 발표하는 활동을 하고 있다.

✏️

뜻 학생들의 창의적인 사고와 문제 해결 능력을 기르기 위한 교육.

10 명 **인성 교육**

예 청소년 범죄가 증가하면서 **인성 교육**의 중요성이 커지고 있다.

✏️

뜻 인간적인 가치와 더불어 사회적 윤리, 도덕적 가치 등을 배우며, 개인의 능력과 성장을 돕는 교육.

11 형 **경쟁이 치열하다**

예 한국은 대학 입시 **경쟁이 치열하기 때문에** 아이에게 조기 교육을 시키는 부모도 있다.

✏️

뜻 같은 목적을 가지고 있는 사람끼리 서로 앞서거나 이기기 위해 최선을 다하다.

연습문제 [보기] 와 같이 문제의 답을 맞혀 보세요.

> [보기]
> 새로운 아이디어나 창의적인 해결책을 도출하는 것을 목표로 하는 교육은 무엇입니까?
>
> ① 공교육　　　✔ 창의 교육　　　③ 사교육　　　④ 주입식 교육

1. 국가나 지역 사회에서 운영하는 대규모 집단을 대상으로 하는 교육은 무엇입니까?

　　① 공교육　　　② 창의 교육　　　③ 사교육　　　④ 교육열

2. 개인이나 소규모 그룹을 대상으로 하는 교육은 무엇입니까?

　　① 공교육　　　② 창의 교육　　　③ 사교육　　　④ 주입식 교육

3. 지식을 머리에 주입시키는 식의 교육은 무엇입니까?

　　① 인성 교육　　　② 창의 교육　　　③ 사교육　　　④ 주입식 교육

4. 교육에 대한 열정이나 관심을 나타내는 것은 무엇입니까?

　　① 공교육　　　② 교육열　　　③ 사교육　　　④ 인성 교육

1 명사 + 조차

그 상황의 이상의 것이 더해짐을 나타낼 때 또는 기대하거나 예상하기 어려운 부분까지 말하고 싶을 때 사용한다. 뒤에는 주로 부정적인 상황이 온다.

명사	• 받침 ○, × + 조차	예 목이 너무 아파서 물조차 삼키기 힘들어요.
		예 어제 술을 너무 많이 마셔서 집 비밀번호조차 생각이 안 났어요.

명사	조차	명사	조차
음식	음식조차	생각	
먹는 것		친구	
자는 것		청소	
눈물		빨래	

연습문제 보기 와 같이 문장을 완성하세요.

> 보기
> 일이 너무 힘들어서 **밥 먹을 힘조차** 없어요. (밥 먹을 힘)

1. 제가 낯가림이 심해서 새로 온 동료한테 아직 ＿＿＿＿＿＿＿＿ 못 물어봤어요. (이름)

2. 요즘 너무 바빠서 가족한테 ＿＿＿＿＿＿＿＿ 못 하고 있어요. (전화 한 통)

3. 몸이 너무 아팠을 때 ＿＿＿＿＿＿＿＿ 힘들었어요. (씻는 것)

4. 한국에 처음 왔을 때 한국어를 ＿＿＿＿＿＿＿＿ 어려웠어요. (듣는 것)

2 동사/형용사 + -기 마련이다

어떤 행동이나 상황에 대한 결과가 당연하다는 것을 나타낼 때 사용한다. '-게 마련이다'의 형태로 사용도 사용할 수 있다.

동사 형용사	• 받침 ○, × + -기 마련이다	예 인간은 누구나 늙기 마련이에요.
		예 일이 많으면 힘들기 마련이에요.
		예 처음 하는 일은 누구나 못하기 마련이에요.
		예 기대가 크면 실망도 크기 마련이에요.

동사	-기 마련이다	형용사	-기 마련이다
공부하다	공부하기 마련이다	피곤하다	
스트레스를 받다		아프다	
일이 끝나다		힘들다	
병이 나다		슬프다	
알다		착하다	

연습문제 보기 와 같이 알맞은 것을 골라 문장을 완성하세요.

성공하다   늘다   아프다   나빠지다   떨어지다

> 보기
> 모든 일에 항상 최선을 다하는 사람이 **성공하기 마련이다.**

1. 공부를 하지 않으면 시험에 _____.

2. 한국어를 매일 연습하면 한국어 실력이 _____.

3. 누구나 이별을 하면 마음이 _____.

4. 운동을 하지 않으면 건강이 _____.

어휘 쏙쏙 - 말하기

01　명 **학업**

예 대학에서는 **학업**뿐만 아니라 다양한 경험을 쌓을 수 있어요.

뜻 학생이 학교에서 공부하는 일.

✎

02　명 **스트레스**

예 요즘 일이 너무 많아서 **스트레스**가 쌓여요.

*많이 쓰는 표현: 스트레스가 쌓이다 / 스트레스를 풀다 / 스트레스가 풀리다

뜻 정신적, 신체적인 압박이나 불안, 긴장 등으로 인해 발생하는 불쾌한 상태.

✎

03　부 **워낙**

예 한국은 **워낙** 입시 경쟁이 치열하기 때문에 부모가 아이에게 사교육을 시키는 경우도 많아요.

뜻 '매우'와 같은 의미로, 그 정도가 매우 심하다는 뜻을 강조할 때 사용.

✎

04　형 **안쓰럽다**

예 학원에서 밤늦게까지 공부하는 아이들을 볼 때 **안쓰러워요.**

뜻 자신보다 나이가 어린 사람이 힘들어하는 모습이 마음 아프다.

✎

05　동 **개선하다**

예 입시 위주로 경쟁하는 한국의 교육 제도를 **개선해야 한다.**

뜻 잘못된 것이나 부족한 것을 고쳐서 더 좋게 만들다.

✎

06　동 **중시하다**

예 우리 회사는 안전을 **중시하며** 모든 직원들에게 안전 교육을 시행하고 있다.

뜻 어떤 것을 매우 중요하게 생각하거나, 높이 평가하다.

✎

01

명 **세계화**

예 **세계화** 시대에 외국어는 필수가 되었다.

뜻 경제, 문화, 기술 등 다양한 분야에서 세계 각국이 상호 의존적인 관계를 맺고 서로 연결되어 있는 현상.

02

형 **유창하다**

예 한국어가 **유창한** 외국인이 많아지고 있다.

뜻 자신의 생각이나 의견을 명확하게 표현하면서 말이나 글을 자유롭고 능숙하게 구사하다.

03

명 **유아기**

예 **유아기**에는 언어 발달이 빠르게 일어난다.

뜻 만 1세부터 6세까지의 어린 시기.

04

명 **아동기**

예 **아동기**에는 새로운 것에 대한 호기심이 강해서 외국어를 쉽게 익힐 수 있다.

뜻 유아기와 청년기의 중간에 해당되는 6~13세 정도의 시기.

05

명 **습득력**

예 바베쉬는 뛰어난 언어 **습득력**을 가지고 있어서, 짧은 기간 안에 외국어를 유창하게 구사할 수 있었다.

뜻 지식이나 기술 등을 배워서 빠르고 정확하게 이해하여 자기 것으로 만드는 능력.

06 명 **부작용**

예 이 약은 효과적으로 두통을 완화시켜 주지만, 심한 구토와 어지러움 등의 **부작용**이 발생할 수 있다.

*많이 쓰는 표현: 부작용을 낳다 / 부작용이 발생하다 / 부작용이 따르다

뜻 원래의 목적과는 다르게 원하지 않는 결과가 나타나는 것.

07 형 **무분별하다**

예 **무분별한** 플라스틱 사용으로 인해 환경오염이 심해졌다.

뜻 분별 없이 함부로 하거나 제어 없이 지나치게 하는 것.

어휘 쏙쏙 - 읽기 ①

01 명 **학제**

예 한국의 교육 제도는 초중고와 대학 등 다양한 **학제**로 나뉘어져 있다.

뜻 학교, 교육에 관한 제도.

02 명 **정규**

예 학교에서는 **정규** 시간표에 따라 수업이 진행된다.

뜻 정식으로 된 규정이나 규범.

03 명 **자격**

예 운전 면허 **자격**을 갖추지 않은 사람은 운전할 수 없다.

뜻 어떤 일을 하기 위해 필요한 조건이나 능력.

04 동 **도입되다**

예 최근 키오스크(kiosk)가 **도입되면서** 직원이 없는 무인 가게가 늘고 있다.

뜻 어떤 새로운 제도, 시스템, 제품 등이 처음 들어가다.

05 동 **시행하다**

예 내년 1월부터 말하기 평가를 **시행할** 예정이다.

뜻 어떤 법률, 정책, 계획, 조치 등을 실행하거나 시도하다.

06 동 **대비하다**

예 다음 달에 있을 중간 평가에 **대비해서** 미리 단어와 문법을 정리하고 있다.

뜻 미리 준비하여 앞으로 일어날 수도 있는 상황이나 사건에 대처하다.

동 동사　형 형용사　명 명사　부 부사　표 표현

읽기 ②

01 동 **구성되다**

예 우리 반은 여러 나라에서 온 학생들로 **구성되어 있다.**

뜻 여러 부분이 모여 하나의 전체를 이루다.

02 명 **의무**

예 한국에서 젊은 남자들은 군대에 가야 하는 **의무**를 가지고 있다.

뜻 당연히 해야 할 일.

03 명 **무상**

예 이 제품은 1년 동안 **무상** 수리 서비스를 받을 수 있다.

뜻 어떤 대가나 비용 없이 제공되는 것.

04 명 **수시**

예 동생은 **수시** 전형으로 대학에 합격해서 수능을 보지 않았다.

뜻 수능 외에 학교생활기록부, 자기소개서, 면접 등 다양한 방법과 기준으로 신입생을 선발하는 것.

05 명 **정시**

예 학교 성적이 좋지 않아서 수능 점수로 대학을 갈 수 있는 **정시** 전형에 지원했다.

뜻 대학수학능력시험의 점수로 신입생을 선발하는 것.

06 명 **모집**

예 대학의 입시 유형에는 수시 **모집**과 정시 **모집**이 있다.

뜻 어떤 조직, 기업, 단체 등에서 사람을 구하는 것.

07 명 **전형**

예 이 회사의 채용 **전형**은 서류 심사와 면접으로 이루어진다.

/

뜻 일정한 규칙이나 기준에 따라 대상을 분류하거나 판단하는 것.

08 명 **조건**

예 학교 졸업 **조건**으로 TOPIK 5급 이상의 어학 점수가 필요하다.

/

뜻 어떤 일이 일어날 때 필요한 요소나 어떤 일을 이루기 위해서 충족되어야 하는 제한 사항이나 규정.

09 명 **진학률**

예 한국은 대학 **진학률**이 70%로 높은 편이다.

/

뜻 학생들이 대학이나 대학원 등 다음 학원 단계의 상급 학교에 들어가는 비율.

종합 연습

● 빈칸에 알맞은 어휘와 뜻을 쓰세요.

1. [   ] ➡ 교육에 대한 열정이나 관심.

2. [   ] ➡ 어떤 대가나 비용 없이 제공되는 것.

3. [   ] ➡ 학교, 교육에 관한 제도.

4. 주입식 교육 ➡ [   ]

5. 공교육 ➡ [   ]

6. 의무 ➡ [   ]

● 빈칸에 알맞은 어휘를 써서 문장을 완성하세요.

1. 운전 면허 _____을 갖추지 않은 사람은 운전할 수 없다.

2. 입시 위주로 경쟁하는 한국의 교육 제도를 _____. (-아/어야 하다)

3. 대학의 입시 유형에는 수시 _____과 정시 _____이 있다.

4. 대학 입시를 앞둔 고등학생들은 방과 후에도 _____을 받는다.

12과 한국의 정치

어휘 쏙쏙 - 도입

01 🌸 **명** 선거

예 대통령은 국민의 직접 **선거**를 통해 선출된다.

뜻 여러 사람 가운데 대표자를 뽑는 일.

💬 직접 문장을 만들어 보아요.

✏️

---

02 🌸 **명** 대선

예 **대선** 후보자들이 국민들에게 자신들의 공약을 발표했다.

뜻 대통령을 뽑는 선거.

✏️

---

03 🌸 **명** 총선

예 **총선**은 4년 마다 한 번씩 이루어진다.

뜻 국회 의원을 뽑기 위해 전국적으로 실시하는 선거.

✏️

---

04 🌸 **명** 지방 선거

예 **지방 선거**에서 당선된 지방의회의원들은 지역민의 이익을 위해 열심히 일해야 한다.

뜻 지방자치단체(시, 군, 구, 도)를 구성하는 지방의회와 지방자치단체장 등을 선출하는 선거.

✏️

---

05 🌸 **명** 선거 운동

예 대통령 선거를 앞두고 대선 후보들은 **선거 운동**을 시작했다.

뜻 선거를 앞두고 후보자나 정당이 자신들의 정책과 성격, 이념을 알리고 지지를 얻기 위해 하는 활동.

✏️

06

명 **선거 공약**

예 김 후보자는 **선거 공약**으로 경제 발전과 일자리 창출을 내세웠다.

뜻 선거를 앞두고 후보자나 정당이 선거에서 실천하겠다는 계획이나 약속.

07

명 **선거 포스터**

예 **선거 포스터**를 통해 후보자들의 정보와 공약을 살펴봤다.

뜻 선거 기간 동안 후보자나 정당의 선거 관련 정보를 전달하기 위해 공공장소에 게시되는 광고물.

08

동 **지지하다**

예 이번 국회 의원 선거에서 내가 **지지하는** 후보자가 당선됐다.

뜻 다른 사람의 생각이나 행동을 찬성하며 이를 위해 힘을 쓰다.

09

명 **유권자**

예 **유권자**들은 자신이 지지하는 후보에게 투표한다.

뜻 선거에서 투표할 권리가 있는 사람.

10

명 **투표소**

예 선거 당일에는 지정된 **투표소**에 가서 투표를 해야 한다.

뜻 유권자들이 투표를 할 수 있는 장소.

11

명 **투표용지**

예 투표소에서 **투표용지**를 받아 지지하는 후보자에게 투표해야 한다.

뜻 선거에서 투표를 하기 위해 사용되는 종이.

12 명 **기표소**

예 투표용지를 받은 유권자는 **기표소** 안으로 들어가서 투표용지에 쓰여있는 후보 중에서 원하는 후보에게 도장을 찍는다.

뜻 투표용지에 써넣거나 표시할 수 있도록 투표장 안에 마련한 장소.

---

13 동 **투표하다**

예 저는 지지율이 높은 후보에게 **투표했어요.**

뜻 선거 또는 어떤 문제에 대해 결정할 때, 투표용지에 자신의 의사를 표시하다.

---

14 동 **개표하다**

예 투표가 끝나면 당선자가 누구인지 알기 위해서 **개표한다.**

뜻 당선 결과를 알기 위해서 투표함을 열어 정확한 득표 수를 세다.

---

15 명 **지지율**

예 이번 선거에서 A 후보의 **지지율**이 B 후보보다 10% 더 높게 나타났다.

뜻 유권자들이 특정 후보를 지지하는 비율.

---

16 명 **득표율**

예 정당의 지지율과 **득표율**이 높아지면 선거에서 이길 확률이 높아진다.

뜻 선거에서 어떤 후보나 정당이 얻은 유권자의 투표 비율.

---

17 동 **당선되다**

예 A 후보는 70%의 표를 얻어 시장에 **당선되었다.**

뜻 선거나 경연에서 선택되어 승리하게 되다.

연습문제 보기 와 같이 문제의 답을 맞혀 보세요.

> 보기
>
> 대통령 선거에서 후보자들이 제시하는 계획과 약속을 무엇이라고 합니까?
>
> ① 대선   ② 유권자   ✓ 선거 공약   ④ 투표소

1. 선거에서 투표를 하는 사람들을 무엇이라고 합니까?

① 대선   ② 유권자   ③ 선거 공약   ④ 지지율

2. 대통령 선거에서 각 후보의 지지도를 나타내는 수치를 무엇이라고 합니까?

① 대선   ② 유권자   ③ 지지율   ④ 선거 공약

3. 선거에서 투표를 할 때 사용하는 장소를 무엇이라고 합니까?

① 대선   ② 유권자   ③ 선거 공약   ④ 투표소

4. 국회의원 선거로 전국의 모든 선거구에서 치러지는 선거를 무엇이라고 합니까?

① 대선   ② 지방 선거   ③ 총선   ④ 유권자

1 동사 + -나 보다 / 형용사 + -(으)ㄴ가 보다

어떤 사실이나 상황을 보고 말하는 사람이 그런 것 같다는 추측을 나타낼 때 사용한다.
(*비슷한 문법: -은/는 모양이다)

동사	• 받침 ○, × + -나 보다	예	요즘 젊은 사람들이 BTS 노래를 많이 듣나 봐요. 가는 곳마다 BTS 노래가 나와요.
		예	지금 비가 오나 봐요. 밖을 보니까 사람들이 우산을 썼어요.
형용사	• 받침 ○ + -은가 보다	예	새로 생긴 식당이 인기가 많은가 봐요. 대기 줄이 길어요.
	• 받침 × + -ㄴ가 보다	예	줄리아 씨가 요즘 많이 피곤한가 봐요. 수업 시간에 계속 졸아요.

TIP! 있다/없다 + -나 보다 ☑ 새로 나온 초코 빵이 맛있나 봐요. 편의점에 가면 항상 품절이에요.

과거 표현: 동사/형용사 + -았/었나 보다 ☑ 길이 막히는 걸 보니까 교통사고가 났나 봐요.

명사 ○, × + 인가 보다 ☑ 시민들과 악수를 하는 걸 보니 저분이 이번 시장 선거 후보인가 봐요.

동사	-나 보다	형용사	-(으)ㄴ가 보다
먹다	먹나 보다	피곤하다	
집에 없다		우울하다	
많이 듣다		사람이 많다	
좋아하다		*재미있다	

연습문제 [보기]와 같이 문장을 완성하세요.

> [보기]
> 미나 씨가 얼굴이 안 좋은 걸 보니까 많이 **아픈가 봐요**. (아프다)

1. 아메드 씨가 출장을 자주 가는 걸 보니까 회사 일이 많이 _____.
　　　　　　　　　　　　　　　　　　　　　　　　　　　　　　　(바쁘다)

2. 만나는 사람마다 그 드라마 얘기를 하는 걸 보니까 드라마가 _____.
　　　　　　　　　　　　　　　　　　　　　　　　　　　　　　　(*재미있다)

3. 이번 TOPIK 시험이 _____. 평균 점수가 많이 낮네요.
(어려웠다)

4. 오늘 응웬 씨가 학교에 안 온 걸 보니까 집에 _____.
(무슨 일이 있다)

2 명사+(이)야말로

다른 것이 아니라 바로 그 대상임을 강조하여 말할 때 사용한다.

명사	• 받침 ○ + 이야말로	예 **사회통합프로그램이야말로** 한국어와 한국 문화를 잘 배울 수 있는 수업이에요.
	• 받침 ✕ + 야말로	예 **경주야말로** 한국의 역사를 잘 알 수 있는 곳이에요.

명사	(이)야말로	명사	(이)야말로
친구	친구야말로	가족	
건강		여행	
운동		사진	
공부		한국어	

연습문제 보기 와 같이 문장을 완성하세요.

> 보기
> **규칙적인 운동이야말로** 건강을 유지할 수 있다. (규칙적인 운동)

1. _____ 국민의 권리이자 의무라 할 수 있다. (투표 참여)

2. _____ 생활에서 없어서는 안 되는 필수품이다. (휴대폰)

3. _____ 외국어를 잘하기 위해서는 꼭 필요한 것이라고 생각한다. (자신감)

4. _____ 많은 것을 경험하고 견문을 넓힐 수 있다. (여행)

어휘 쏙쏙 ○ 말하기

01 명 **투표권**

예 선거 때마다 수많은 사람들이 자신의 **투표권**을 행사하여 국가의
미래를 결정한다.

뜻 투표할 수 있는 권리.

---

02 명 **자료**

예 이번 시험에 필요한 **자료**는 모두 이 교재 안에 포함되어 있다.

뜻 정보를 수집하여 정리하거나
분석한 것.

---

03 부 **꼼꼼히**

예 시험을 보기 전에 **꼼꼼히** 복습해야 한다.

뜻 어떤 일을 대충하지 않고 빈틈
이 없이 정확하고 세심하게.

---

04 형 **소중하다**

예 가족은 나에게 가장 **소중한** 존재이다.

뜻 무엇인가에 대해 큰 가치를 두
거나, 매우 중요하다고 생각
하다.

---

05 명 **정당**

예 한국에는 여러 정당이 존재하며, 각 **정당**은 다양한 정치적 입
장을 가지고 있다.

뜻 정치적으로 비슷한 생각을 가
진 사람들이 정치적 목표를 실
현하기 위해 결성된 단체.

동 동사　형 형용사　명 명사　부 부사　표 표현　접 접미사

01
접 **(4천)여**
예 지방 선거가 전국 만4천**여** 투표소에서 시작됐습니다.

뜻 수량을 나타내는 말 뒤에 쓰여, '그 수 이상'의 뜻을 더하는 말.

02
명 **개표소**
예 투표가 끝나면 모든 투표함이 **개표소**로 운반된다.

뜻 선거에서 유권자들이 투표한 후에, 득표 수를 계산하고 선거 결과를 발표하는 장소.

03
명 **상황**
예 나쁜 **상황**에서도 긍정적으로 생각하는 습관을 가지는 것이 중요하다.

뜻 어떤 일이 일어나고 있는 특정한 시간과 장소에서의 상태나 상태의 변화.

04
부 **막**
예 투표가 이제 **막** 시작됐습니다.

뜻 바로 지금.

05
명 **정각**
예 투표는 오전 6시 **정각**부터 시작됩니다.

뜻 60분을 정확히 나타내는 시각.

06
형 **분주하다**
예 어제까지 회사 업무를 다 끝내야 해서 하루 종일 **분주했다**.

뜻 한 가지 이상의 일을 하거나 해야 할 일이 많아서 바쁘거나 여유가 없는 상태.

07 형 **이르다**

예 **이른** 아침부터 투표를 하러 투표소에 가는 유권자들이 많았다.

뜻 일이나 그 시기가 다른 일정한 기준보다, 또는 일을 하기에 시간상 앞서 있다.

08 명 **시각**

예 비행기 도착 예정 **시각**은 오후 6시입니다.

뜻 어떤 특정한 시점이나 순간.

09 형 **발길이 뜸하다**

예 아직 이른 시각이라 투표소에 오는 유권자들의 **발길이 뜸한** 편입니다.

뜻 찾아오는 사람이 한동안 없다.

10 부 **앞서**

예 선거에 **앞서** 각종 여론 조사가 실시되었습니다.

뜻 다른 사람이나 어떤 일에 먼저.

11 명 **사전 투표**

예 내일까지 **사전 투표**를 할 수 있으니까 미리 투표를 해두는 게 좋을 것 같아요.

뜻 선거일 전에 미리 투표하는 것.

12 명 **평균**

예 전국 **평균** 투표율은 20.2%입니다.

뜻 숫자들의 총합을 그 숫자들의 개수로 나눈 값.

13 동 **(평균을) 밑돌다**

예 경기와 인천 투표율 17%대로 전국 평균을 **밑돌았습니다.**

뜻 어떤 기준이 되는 수량에 미치지 못하다.

14 명 **본인**

예 투표는 유권자인 **본인**이 직접 해야 한다.

뜻 자기 자신을 나타내는 대명사.

15 동 **지정되다**

예 선거 당일에는 유권자 본인 주소지에 있는 **지정된** 투표소에서만 투표할 수 있다.

뜻 관공서, 학교, 회사, 개인 등으로부터 어떤 것에 특정한 자격이 주어지다.

16 동 **챙기다**

예 투표를 하려면 반드시 신분증을 **챙겨야 한다.**

뜻 필요한 물건을 찾아서 갖춰 놓거나 무엇을 빠뜨리지 않았는지 살피다.

01 **명 도덕성**

예 정치인은 지켜야 할 것은 반드시 지키는 **도덕성**을 갖춰야 한다.

뜻 올바른 행동과 가치관을 갖춘 성격적인 특성.

02 **명 소통 능력**

예 국제적인 일을 하는 분야에서는 다양한 문화와 관습을 이해하고 존중할 수 있는 **소통 능력**이 필수이다.

뜻 다른 사람과 의사소통하면서 서로의 관점을 수용하고 존중하는 능력.

03 **명 판단력**

예 좋은 지도자가 되기 위해서는 강한 **판단력**이 필요하다.

뜻 어떤 상황에서 올바른 판정을 내리는 능력.

04 **명 추진력**

예 일을 빠르게 진행할 수 있는 **추진력**을 가진 지도자가 필요하다.

뜻 어떤 일을 이루기 위해 앞으로 나아가는 힘.

05 **명 행정 경험**

예 그 후보자는 지난 10년간 정부에서 일하면서 다양한 **행정 경험**을 쌓았다.

뜻 정부나 기업 등에서 일하면서 얻은 경험.

06 **명 전문성**

예 한국어를 가르치기 위해서는 교사로서의 **전문성**이 있어야 한다.

뜻 어떤 분야나 직종에서 전문적인 지식과 기술을 가지고 있는 상태.

07 | 명 **리더십**

예 여러 사람을 관리하거나 이끌어 가기 위해서는 지도자의 **리더십**이 필요하다.

뜻 지도자로서의 능력이나 행동, 그리고 그것을 통해 집단을 이끄는 능력.

08 | 명 **유형**

예 대선, 총선, 지방 선거 등 다양한 **유형**의 선거를 통해 국민들은 투표권을 행사할 수 있다.

뜻 다양한 대상들을 공통점에 따라 분류하거나 구분하는 것.

09 | 명 **민주적**

예 **민주적**인 사회에서는 모든 시민이 평등한 권리와 기회를 갖게 된다.

뜻 국민들이 모든 결정의 중심에 있는 것.

10 | 명 **합법적**

예 선거 운동은 **합법적**으로 진행되어야 한다.

뜻 올바른 법률에 따라 인정되는, 법적으로 허용되는 것.

11 | 형 **강력하다**

예 그는 **강력한** 리더십으로 회사를 이끌어 나가고 있다.

뜻 힘이나 영향이 강하다.

12 | 명 **정치적**

예 그 회사의 문제는 단순한 경영 문제가 아니라, **정치적**인 문제도 많다.

뜻 어떤 일 또는 상황이 정치와 관련되어 있거나, 정치적인 입장을 나타내는 것.

13 동 **의논하다**

예 오늘 회의에서 동료들과 새로운 프로젝트 계획에 대해 **의논했다.**

🖊

뜻 두 사람 이상이 서로 의견을 나누고 상의하다.

14 명 **협상적**

예 그는 **협상적**인 태도로 상대방과 대화를 이어나갔다.

🖊

뜻 어떤 문제를 해결하거나 목표를 달성하기 위해 상대방과 협력하며 조율하는 태도나 방식.

어휘 쏙쏙 - 읽기 ②

01 동 **원하다**

예 이번 대선에서 국민들은 소통 능력이 뛰어난 대통령이 당선되기를 **원하고 있다.**

🖊

뜻 간절히 바라거나, 필요하거나, 원하는 바가 있다.

02 명 **차기**

예 **차기** 대선 후보자들의 경쟁이 치열해지고 있다.

🖊

뜻 다음 시기.

03 명 **자질**

예 그는 리더십과 소통 능력이 뛰어나서 좋은 지도자로서의 **자질**을 가지고 있어요.

🖊

뜻 특정한 능력이나 성격을 가진 특징.

04 명 **여론**

예 **여론** 조사에 따르면, 이번 선거에서는 A 후보가 우세하다는 결과가 나왔다.

뜻 대중의 의견이나 태도.

05 명 **대상**

예 이번 조사는 10대 청소년을 **대상**으로 진행되었다.

뜻 조사하거나 처리하려는 대상이 되는 것.

06 명 **설문 조사**

예 신제품에 대한 고객들의 만족도를 조사하기 위해 **설문 조사**를 실시했다.

뜻 대상 집단의 의견이나 태도, 행동 등을 파악하기 위해 일정한 주제에 대해 질문을 하고 답변을 받는 과정.

07 표 **(명사)에 따르면**

예 조사 결과**에 따르면**, 시민 10명 중 약 4명은 차기 시장이 갖춰야 할 자질로 행정 경험과 전문성이 가장 필요하다고 답했다.

뜻 어떤 기준, 규칙, 사실 등을 참고하여 그 결과를 나타내는 말.

08 동 **갖추다**

예 높은 도덕성을 **갖춘** 지도자가 필요하다.

뜻 필요한 자세나 태도를 가지고 있다.

09 부 **상대적으로**

예 이 도시는 다른 지역보다 **상대적으로** 작은 편이다.

뜻 서로 맞서거나 비교되는 관계에 있는.

10 동 **선호하다**   뜻 여럿 중에서 특별히 좋아하다.

예 그 회사는 신입사원보다 경력자를 더 **선호한다.**

> ✏️

11 부 **압도적으로**   뜻 다른 것보다 월등하게 뛰어넘
                                            는 정도나 성능을 갖추고 있는.
예 이번 대선에서 A 후보의 지지율이 **압도적으로** 높다.

> ✏️

12 형 **풍부하다**   뜻 다양하고 많다.

예 A 후보는 환경 분야에 행정 경험이 **풍부하며** 전문성을 갖추고
   있다.

> ✏️

종합 연습

● 빈칸에 알맞은 어휘와 뜻을 쓰세요.

1. [   ] ➡ 여러 사람 가운데 대표자를 뽑는 일.

2. [   ] ➡ 투표할 수 있는 권리.

3. [   ] ➡ 대중의 의견이나 태도.

4. 유권자 ➡ [   ]

5. 차기 ➡ [   ]

6. 사전 투표 ➡ [   ]

● 빈칸에 알맞은 어휘를 써서 문장을 완성하세요.

1. 정당의 지지율과 _____이 높아지면 선거에서 이길 확률이 높아진다.

2. 여러 사람을 관리하거나 이끌어 가기 위해서는 지도자의 _____이
필요하다.

3. 조사 결과_____, 시민 10명 중 약 4명(38.2%)은 차기 시장이 갖춰야 할
자질로 행정 경험과 전문성이 가장 필요하다고 답했다.

4. 선거에 _____ 각종 여론 조사가 실시되었습니다.

13과 환경 보호와 실천

어휘 쏙쏙 - 도입

01 형 **미세 먼지가 심하다**

예 요즘 서울은 **미세 먼지가 심해서** 마스크를 꼭 써야 한다.

뜻 눈에 보이지 않을 정도로 입자가 작은 먼지가 매우 많다.

직접 문장을 만들어 보아요.

02 동 **대기 오염이 발생하다**

예 자동차 배기 가스와 공장에서 배출되는 연기로 인해 **대기 오염이 발생했다.**

뜻 공기 중에 있는 유해 물질들이 증가하여 대기의 질이 나빠지다.

03 형 **수질 오염이 심각하다**

예 이 지역의 강물은 공장과 농장에서 배출되는 오염 물질로 인해 **수질 오염이 심각하다.**

뜻 공장이나 가정에서 사용한 더러운 물로 인해 강이나 호수, 바다 등 물의 환경과 질이 나빠지다.

04 동 **토양 오염을 일으키다**

예 많은 양의 농약 사용은 **토양 오염을 일으킨다.**

뜻 화학 물질, 중금속 등이 지나치게 토양에 노출되어 토양의 특성을 변화시켜서 부정적인 영향을 미치다.

05 동 **물고기가 떼죽음을 당하다**

예 수질 오염으로 인해 **물고기가 떼죽음을 당했다.**

뜻 물고기가 한꺼번에 모두 죽다.

06 동 **배기가스를 줄이다**

예 전기 자동차의 장점으로는 **배기가스를 줄일 수 있다**는 점이다.

✏️

뜻 자동차나 공장의 기계 등에서 나오는 가스를 줄이다.

07 명 **차량 2부제**

예 최근 서울시는 미세 먼지 문제를 해결하기 위해 **차량 2부제**를 시행하고 있다.

✏️

뜻 차량 번호 끝자리가 홀수인 차량은 홀수 일(1, 3, 5, 7, 9)에만, 짝수인 차량은 짝수 일(2, 4, 6, 8, 0)에만 운행할 수 있게 하는 제도.

08 동 **대체 에너지를 개발하다**

예 지구 환경을 보호하고자 **대체 에너지를 개발하기 위해** 다양한 연구를 진행하고 있다.

✏️

뜻 화석연료를 대신해서 사용할 수 있는 에너지를 유용하게 만들다.

09 동 **생활 하수 정화 처리를 하다**

예 이 지역에서는 모든 **생활 하수를 정화 처리한 후,** 강으로 흘려 보낸다.

✏️

뜻 생활하면서 사람들이 쓰고 버린 더러운 물을 깨끗한 상태로 만들다.

10 동 **폐수를 무단으로 버리지 않다**

예 그 공장에서는 환경 보호를 위해 **폐수를 무단으로 버리지 않**는다.

✏️

뜻 공장에서 더럽혀져서 못 쓰는 물을 허락 없이 버리지 않다.

연습문제 [보기]와 같이 알맞은 것을 골라 문장을 완성하세요.

> 대기 오염   수질 오염   토양 오염   대체 에너지   차량 2부제

> [보기] **대기 오염**은 공장, 자동차 등에서 배출되는 먼지나 유해한 기체 등으로 인해 대기가 오염되는 것을 말한다.

1. _____(은/는) 인간의 쓰레기, 산업 폐기물 등으로 인해 땅이 오염되는 것을 말한다.

2. _____(은/는) 자동차를 이용하는 사람들이 번갈아 가며 운행할 수 있도록 하는 정책으로, 대기 오염 감소에 효과적이다.

3. _____(은/는) 자원의 고갈과 환경 오염으로 인해 석탄, 원유 대신 이용되는 에너지로 태양광, 풍력, 수력 등이 있다.

4. _____(은/는) 농업 폐기물, 산업 폐기물, 생활 폐수 등으로 인해 지하수나 물고기 등이 오염되는 것을 말한다.

1 동사 + -는 한

앞에 오는 말이 뒤의 상태의 조건이나 행동이 될 때 사용한다.

동사	• 받침 ○, × + -는 한	예 꾸준히 운동을 하지 않는 한 건강해질 수 없어요.
		예 샴푸를 많이 사용하는 한 수질 오염은 더 심각해질 거예요.

동사	-는 한	동사	-는 한
공부하다	공부하는 한	일을 하다	
노력하지 않다		청소를 하다	
세제를 많이 사용하다		특별한 일이 없다	
술을 많이 마시다		사람들이 도와주다	
야식을 많이 먹다		먹는 것을 줄이다	

연습문제 보기 와 같이 문장을 완성하세요.

> 보기
> 한국어를 **열심히 공부하는 한** 중간평가에 합격할 수 있을 거예요. (열심히 공부하다)

1. _____ 돈을 모으기가 힘들 거예요. (아껴 쓰지 않다)

2. _____ 건강해지기 어려울 거예요. (술을 계속 마시다)

3. _____ 환경은 계속 오염될 거예요. (플라스틱을 계속 사용하다)

4. _____ 한국에서 생활하기가 힘들 거예요. (한국어를 배우지 않다)

2 동사 + -도록

뒤에 나오는 행동의 '목적'을 나타낼 때 사용한다.

동사	• 받침 ○, ✕ + -도록	예 남은 음식이 상하지 않도록 냉장고에 잘 보관해야 해요.
		예 꽃이 잘 자라도록 물을 충분히 주세요.

동사	-도록	동사	-도록
노력하다	노력하도록	건강을 유지하다	
개발하다		다치지 않다	
환경을 보호하다		누구나 볼 수 있다	
시험에 합격할 수 있다		일찍 자다	
다양한 경험을 쌓다		취업에 성공하다	

연습문제 보기와 같이 문장을 완성하세요.

> 보기 내일 **학교에 늦지 않도록** 일찍 일어나야 해요.
> (학교에 늦지 않다)

1. _____ 길 찾기 앱을 개발했어요.
   (사람들이 길을 잘 찾을 수 있다)

2. 아이가 자전거를 탈 때 _____ 헬멧과 무릎 보호대를 챙겨
   (다치지 않다)
   주세요.

3. _____ 사회통합프로그램 수업을 열심히 들으세요.
   (중간 평가에 합격할 수 있다)

4. 더이상 _____ 플라스틱 사용을 줄이려고 노력하고 있어요.
   (환경 오염이 발생하지 않다)

어휘 쏙쏙 - 말하기

01 **명 증상**

예 발열과 기침, 콧물 **증상**이 계속된다면 병원에 한번 가 보세요.

🖉

뜻 병에 걸렸을 때 나타나는 상태나 모양.

02 **명 피부병**

예 어렸을 때 **피부병** 때문에 피부가 가렵고 따가워서 많이 고생했어요.

🖉

뜻 피부에 생긴 질병을 일컫는 말. 예를 들어, 아토피 피부염, 여드름, 습진 등이 피부병에 해당한다.

어휘 쏙쏙 - 듣기

01 **동 헷갈리다**

예 과일 씨나 뼈 등을 버릴 때 일반 쓰레기인지 음식물 쓰레기인지 **헷갈릴** 때가 많아요.

🖉

뜻 어떤 것이 구별하기 어려워서 정신이 혼란스러워지다.

02 **명 씨**

예 저는 **씨**가 있는 포도나 수박을 좋아하지 않아요.

🖉

뜻 과일 안에 들어있는 작고 단단한 물질.

03 **명 껍질**

예 딱딱한 **껍질**은 일반 쓰레기 봉투에 버리세요.

🖉

뜻 물체의 겉을 싸고 있는 물질.

04 명 **찻잎**

예 어린 **찻잎**으로 만든 차를 우려 마셨어요.

뜻 차를 우리기 위해 사용하는 나무인 차나무의 잎.

05 명 **스티커**

예 플라스틱 제품을 버릴 때에는 **스티커**를 떼어서 버려야 한다.

뜻 붙이는 것이 목적인 작은 용지나 비닐 시트.

어휘 쏙쏙 - 읽기 ①

01 명 **지구 온난화**

예 **지구 온난화**로 인한 기후 변화는 생태계에 많은 영향을 미친다.

뜻 지구 대기 중의 온실가스 농도가 증가하여 지구의 평균 기온이 오르는 현상.

02 명 **폭우**

예 어젯밤에는 **폭우**가 내려서 길이 물에 잠겼다.

뜻 갑작스럽게 많은 양의 비가 내리는 현상.

03 명 **폭설**

예 어제 내린 **폭설**로 인해 도로 교통이 마비되었다.

뜻 갑자기 매우 많은 양의 눈이 한꺼번에 내리는 현상.

04 명 **가뭄**

예 최근에 우리 지역은 **가뭄**으로 인해 농작물 수확량이 크게 감소했다.

뜻 긴 시간 동안 비가 내리지 않아 땅이 마르고 물이 부족한 상태.

---

05 명 **이상 기후**

예 최근 몇 년간 **이상 기후**로 인한 가뭄과 폭염이 빈번히 일어났다.

뜻 기온이나 강수량이 정상적이지 않은 상태.

---

06 동 **극복하다**

예 우리 회사는 어려운 경제적 상황을 **극복하고** 다시 일어섰다.

뜻 어려운 상황이나 문제를 이겨내거나 해결하다.

---

07 명 **남극**

예 **남극**은 매년 수많은 연구자들이 찾아가서 생물 다양성을 연구한다.

뜻 지구의 중심에서 가장 남쪽에 있는 곳.

---

08 명 **북극**

예 지구 온난화로 인해 **북극**의 얼음이 점점 빠르게 녹고 있다.

뜻 지구의 중심에서 가장 북쪽에 있는 곳.

---

09 명 **캠페인**

예 정부에서는 환경 보호 **캠페인**을 통해 환경 오염 문제 해결에 앞장서고 있다.

뜻 어떤 목적을 달성하기 위해 계획적으로 진행되는 대규모의 활동.

어휘 쏙쏙 - 읽기 ②

01 명 **이재민**
예 이번 홍수로 수많은 **이재민**이 발생했다.

뜻 홍수나 화재 등 자연 재해로 인한 피해를 입은 사람.

02 명 **인류**
예 지구 온난화가 계속된다면 더이상 지구에서 **인류**는 생존하기 어려울 것이다.

뜻 세계의 모든 사람을 동물과 구별되는 말.

03 동 **입을 모으다**
예 의사들은 무리한 다이어트는 건강을 해친다고 **입을 모아** 이야기한다.

뜻 모두가 똑같이 의견을 말하다.

04 명 **정부**
예 **정부**와 기업은 환경 오염 문제를 해결하기 위해 노력하고 있다.

뜻 나라의 일을 하는 행정 기관.

05 명 **석탄**
예 우리 회사에서는 **석탄** 대신에 사용할 수 있는 대체 에너지를 개발하고 있다.

뜻 화석 연료 중 하나로서 지질학적인 변화를 거쳐 형성된 탄소로 이루어진 검은색 물질.

06 동 **힘쓰다**
예 정부는 환경을 보호를 위해 대체 에너지 개발에 **힘써야 한다.**

뜻 어떤 일을 위해 힘을 들여 노력하다.

종합 연습

● 빈칸에 알맞은 어휘와 뜻을 쓰세요.

1. _____ → 지구 대기 중의 온실가스 농도가 증가하여 지구의 평균 기온이 오르는 현상.

2. _____ → 홍수나 화재 등 자연 재해로 인한 피해를 입은 사람.

3. _____ → 갑자기 매우 많은 양의 눈이 한꺼번에 내리는 현상.

4. 대기 오염 → _____

5. 수질 오염 → _____

6. 토양 오염 → _____

● 빈칸에 알맞은 어휘를 써서 문장을 완성하세요.

1. 전기 자동차의 장점으로는 _____를 줄일 수 있다는 점이다.

2. 최근 서울시는 미세 먼지 문제를 해결하기 위해 _____를 시행하고 있다.

3. 최근 몇 년간 _____로 인한 가뭄과 폭염이 빈번히 일어났다.

4. 저는 _____가 있는 포도나 수박을 좋아하지 않아요.

14과 생활 속 경제

어휘 쏙쏙 - 도입

01 **동 물가가 상승하다**
예 외식 **물가가 상승하면서** 밀키트를 구입하는 소비자들이 많아
졌다.

직접 문장을
만들어 보아요.

뜻 물건과 서비스의 가격이 올라
가다.

02 **동 물가가 하락하다**
예 최근 **물가가 하락하면서** 식료품 가격도 떨어졌다.

뜻 물건, 서비스의 가격이 내려가
다.

03 **표 경기가 호황이다**
예 최근에는 IT 산업의 성장으로 인해 **경기가 호황이다.**

뜻 경제 상황이 좋아지면서 일자
리가 많이 생기며 생활 수준이
상승하다.

04 **표 경기가 불황이다**
예 **경기가 불황이면** 일자리 창출이 어려워지고 소비가 줄어들어
경제 상황이 악화된다.

뜻 전반적인 경제 상황이 나쁘고
회복이 느리다.

05 **명 소비**
예 최근 건강에 대한 관심이 높아지면서 야채와 과일 **소비**가 크게
늘었다.

뜻 돈이나 자원 등을 사용하거나
물건이나 서비스를 구매하여
사용하는 것.

06 명 **원재료**

예 케이크를 만들려면 **원재료**인 밀가루, 설탕, 계란 등이 필요하다.

뜻 제품을 만들기 위해 사용되는 원래의 재료.

07 명 **변동**

예 최근 미국 달러와 한국 원화의 환율 **변동**이 크게 일어나고 있다.

뜻 어떤 상황이 변화하거나 변화가 일어나는 것.

08 명 **부동산 가격 급등**

예 **부동산 가격 급등**으로 인해 대출을 받아 집을 구입하기가 어려워졌다.

뜻 아파트, 땅의 가격이 갑자기 크게 오르는 현상.

09 명 **수요**

예 최근 미세 먼지와 황사로 인해 마스크 **수요**가 증가했다.

뜻 물건이나 서비스에 대한 필요와 요구.

10 명 **공급**

예 여름철 에어컨 수요가 증가하면서 공장에서 에어컨 **공급**을 늘리고 있다.

뜻 필요한 물건이나 서비스를 제공해주는 것.

11 명 **경기 침체**

예 최근 **경기 침체**로 인해 많은 기업들이 경영에 어려움을 겪고 있다.

뜻 경제적인 활동이 둔화되어 일자리와 생산성이 감소하고 소비가 줄어들어 경제 전반에 부정적인 영향을 미치는 상황.

연습문제 보기와 같이 관련이 있는 단어를 고르세요.

경가 불황   경기 호황   물가 상승   물가 하락   경기 침체

보기 경제 성장률이 계속해서 하락하면서 실업률이 증가하고 기업들이 어려움을 겪고 있는 상황.   (**경기 불황**)

1. 대부분의 상품의 가격이 하락하고 있는 상황.   (   )

2. 식료품 가격이 최근 몇 년 간 계속해서 상승하고 있는 상황.   (   )

3. 경제가 둔화되어 생산, 소비, 투자 등이 줄어들어 일자리가 감소하고 기업들이 어려움을 겪고 있는 상황.   (   )

4. 경제 성장률이 상승하면서 취업 기회가 늘어나고 기업들의 수익도 증가하고 있는 상황.

(   )

1 동사/형용사 + -(으)므로

앞 내용의 근거나 이유를 이야기할 때 사용한다. 뉴스, 회의, 발표 등 공식적인 상황에서 주로 사용한다.

동사 형용사	• 받침 ○ + -으므로	예 내일 중요한 회의가 있으므로 모두 참석해 주시기 바랍니다.
		예 오늘 미세 먼지 농도가 높으므로 외출을 자제하시기 바랍니다.
	• 받침 ✕ + -므로	예 이번 달부터 교통비가 인상되므로 대중 교통 이용에 참고해 주시기 바랍니다.
		예 낮과 밤의 기온 차가 크므로 건강에 유의해야 한다.

TIP! 과거 표현) 동사/형용사 + -았/었으므로 ✔ 예정된 시각이 되었으므로 세미나를 시작하겠습니다.

명사 + 이므로 ✔ 이곳은 금연 구역이므로 담배를 피우실 수 없습니다.

동사	-(으)므로	형용사	-(으)므로
책을 읽다	책을 읽으므로	친절하다	
물가가 상승하다		환율 변동이 크다	
수요가 있다		*머리가 길다	

연습문제 보기와 같이 문장을 완성하세요.

> **보기**
> 오늘 오후에는 **비가 오므로** 우산을 챙겨야 한다. (비가 오다)

1. 최근 원재료 가격이 _____ 외식 물가도 상승하였다. (인상되었다)

2. 잦은 에어컨 사용은 _____ 조심해야 한다. (냉방병에 걸릴 위험이 있다)

3. 전 세계적으로 _____ 경기 침체가 계속되고 있다. (경기 불황)

4. 폭설로 인해 _____ 반드시 안전 운전해야 한다. (*길이 미끄럽다)

2 명사 + 은/는커녕

앞의 내용은 물론이고 뒤에 오는 내용도 하지 못하거나 부정할 때 사용한다.

명사		예
명사	• 받침 ○ + 은커녕	예 오늘 너무 바빠서 밥은커녕 물도 못 마셨어요.
	• 받침 ✕ + 는커녕	예 한국어를 말하기는커녕 듣는 것도 어려워요.

명사	은/는커녕	명사	은/는커녕
빵	빵은커녕	일자리	
숙제		용돈	
현금		영화	
다이어트		퇴근	

연습문제 보기 와 같이 문장을 완성하세요.

> 보기 요즘 늦게까지 야근하느라고 **저녁은커녕** 간식 먹을 시간도 없어요.
> (저녁)

1. 목이 너무 아파서 _____ 물 마시는 것도 힘들어요.
(죽)

2. 저는 겁이 많아서 _____ 자전거도 못 타요.
(운전)

3. 요즘 회사 일이 바빠서 _____ 가족들 얼굴 보기도 힘들어요.
(친구)

4. 폭우 때문에 _____ 산책도 못 하겠네요.
(여행)

어휘 - 말하기

01 **명 김장철**

예 **김장철**이 가까워지면서 배춧값이 많이 올랐다.

뜻 김치를 한꺼번에 많이 담그는 김장을 하는 시기.

02 **명 태풍**

예 **태풍**으로 인해 수많은 집과 건물이 피해를 입었다.

뜻 매우 강한 바람과 비, 폭우 등의 자연재해 현상.

03 **표 그러게 말이에요**

예 아메드　요즘 날씨가 많이 추워졌어요.
줄리아　**그러게 말이에요.** 감기에 걸리지 않도록 옷을 따뜻하게 입고 다니세요.

뜻 다른 사람의 말에 대해서 자신도 같은 의견일 때 사용하는 표현.

04 **동 신경을 쓰다**

예 내일 발표가 있어서 발표 준비에 많은 **신경을 써야 해요**.

뜻 어떤 일에 주의를 기울이거나 다른 사람의 상황이나 감정을 살피다.

어휘 - 듣기

01 명 **옷차림**

예 오늘 날씨가 더워서 가벼운 **옷차림**으로 외출하려고 해요.

뜻 일상 생활에서 입는 옷의 스타일.

02 형 **유리하다**

예 TOPIK 6급이 있으면 한국에서 취업하기에 더 **유리할 거예요.**

뜻 상황이나 조건이 좋아서 이로 인해 이익이 있다.

03 형 **단정하다**

예 면접을 볼 때 **단정한** 옷차림은 면접관에게 좋은 인상을 줄 수 있다.

뜻 옷차림이나 태도가 깔끔하고 잘 정돈되어 있다.

04 형 **자유분방하다**

예 집에서 독립한 이후로 **자유분방하게** 생활하고 있다.

뜻 어떤 규칙이나 격식에서 벗어나 매우 자유롭게 제한 없이 행동하다.

05 명 **보수적**

예 우리 아버지는 **보수적**인 분이라서 머리 염색이나 문신을 못하게 하신다.

뜻 새로운 변화를 거부하거나 신중하게 받아들이면서 기존에 있는 것을 유지하는 것.

06 명 **신뢰감**

예 면접 때 단정한 옷차림은 면접관에게 **신뢰감**을 줄 수 있다.

뜻 어떤 사람이나 사물 또는 상황에 대해 믿음이나 확신을 가지는 것.

07 형 **적절하다**

예 장례식에 갈 때에는 검은 정장이나 어두운 옷을 입고 가는 것이 **적절하다.**

🖊

뜻 어떤 상황이나 상태에 꼭 알맞다.

08 동 **튀다**

예 내 친구는 머리를 무지개 색깔로 염색해서 어딜 가나 **튄다.**

🖊

뜻 태도나 옷차림이 다른 사람과 차이가 나서 시선을 끌다.

어휘 쓱쓱 - 읽기 ①

01 **명 고용 안정**

예 우리 회사는 직원들의 **고용 안정**을 위해 힘쓰고 있습니다.

뜻 직업이나 일자리에서 안정적으로 일하고 수입을 유지하며 일자리를 잃지 않는 상태.

---

02 **명 부동산 가격 안정**

예 정부의 정책으로 인해 **부동산 가격이 안정**되면서 집을 사는 사람들이 많아졌다.

뜻 집값과 땅값에 변화가 크지 않은 상태.

---

03 **명 물가 불안정**

예 **물가 불안정**으로 인해 생활비 부담이 늘어나고 있다.

뜻 물건과 서비스의 가격이 계속해서 변동되는 상태.

---

04 **명 취업률**

예 최근 경제 상황이 어려워지면서 **취업률**이 감소하고 있다.

뜻 구직자들 중에서 실제로 일자리를 구해 취업한 사람들이 차지하는 비율.

---

05 **명 의료비**

예 보험에 가입하면 **의료비**를 덜 부담할 수 있다.

뜻 병원에서 진료를 받거나 치료를 받을 때 쓰는 돈.

---

06 **명 긴급 수매**

예 정부는 태풍의 영향으로 피해를 입은 지역의 채소와 과일을 **긴급 수매**했다.

뜻 자연 재해나 긴급 상황으로 인해 상품 가치가 떨어지는 채소나 과일 등을 대량으로 구매하는 것.

07 명 **비수기**

예 **비수기** 때 호텔 예약을 더 싸게 할 수 있다.

뜻 상품이나 서비스의 수요가 많지 않은 시기.

08 명 **확대**

예 정부는 청년의 일자리 창출을 위한 사업을 **확대**하겠다고 밝혔다.

뜻 크기나 범위를 더 크게 함.

09 명 **취업 컨설팅**

예 **취업 컨설팅**을 통해 좋은 일자리를 구할 수 있었다.

뜻 구직자들이 취업에 필요한 정보와 기술을 익히고 직업을 찾을 수 있도록 도와주기 위한 상담.

어휘 쏙쏙 ─ 읽기 ②

01 명 **폭락**

예 실내 마스크 착용 의무가 해제되면서 마스크 가격이 **폭락**했다.

뜻 물건의 가격이 갑자기 크게 떨어짐.

02 명 **폭등**

예 부동산 가격 **폭등**으로 인해 집을 구하기가 어려워졌다.

뜻 물건의 가격이 갑자기 크게 오름.

03 명 **응답자**

예 전체 **응답자** 절반 이상이 물가 안정을 가장 바라고 있는 것으로 나타났다.

뜻 설문조사를 통해 질문에 대답을 하는 사람.

04 동 **분석되다**

예 플라스틱 사용이 해양 오염의 주된 원인으로 **분석되었다.**

뜻 어떤 대상이나 사건을 세부적으로 조사하여 그 구성과 성격을 파악하다.

05 명 **순**

예 사람들이 선호하는 직업을 조사한 결과, 의사, 교사, 변호사 등의 **순**으로 나타났다.

뜻 어떤 일의 순서.

종합 연습

● 빈칸에 알맞은 어휘와 뜻을 쓰세요.

1. [＿＿＿＿＿] ➡ 돈이나 자원 등을 사용하거나 물건이나 서비스를 구매하여 사용하는 것.

2. [＿＿＿＿＿] ➡ 상품이나 서비스의 수요가 많지 않은 시기.

3. [＿＿＿＿＿] ➡ 물건과 서비스의 가격이 계속해서 변동되는 상태.

4. 옷차림 ➡ [＿＿＿＿＿]

5. 고용 안정 ➡ [＿＿＿＿＿]

6. 수요 ➡ [＿＿＿＿＿]

● 빈칸에 알맞은 어휘를 써서 문장을 완성하세요.

1. 최근 경제 상황이 어려워지면서 ＿＿＿＿＿＿＿이 감소하고 있다.

2. 케이크를 만들려면 ＿＿＿＿＿＿＿인 밀가루, 설탕, 계란 등이 필요하다.

3. 정부는 태풍의 영향으로 피해를 입은 지역의 채소와 과일을 ＿＿＿＿＿＿＿했다.

4. 여름철 에어컨 수요가 증가하면서 공장에서 에어컨 ＿＿＿＿＿＿＿을 늘리고 있다.

15과 준법 생활

어휘 쏙쏙 - 도입

01

동 **질서를 지키다**

예 사람이 많은 공공장소에서는 **질서를 지켜야 한다.**

직접 문장을 만들어 보아요.

뜻 사회나 조직 내에서 정해진 규칙이나 법률 등을 지키고 따르다.

02

동 **범죄를 저지르다**

예 최근 **범죄를 저지르는** 청소년이 증가하고 있다.

뜻 불법적인 행위를 하거나 다른 사람의 권리나 재산을 침해하는 행동을 하다.

03

동 **법/법규를 위반하다**

예 교통 **법규를 위반하면** 벌금을 내야 한다.

뜻 법에 명시된 규정이나 요건을 지키지 않거나, 금지된 행위를 하거나, 허용되지 않은 행위를 하다.

04

동 **범칙금/벌금을 내다**

예 공공장소에서 흡연하는 것은 금지되어 있으며 위반할 시 **범칙금을 내야 한다.**

뜻 법적인 규칙이나 규정을 어긴 행동을 했을 때, 그에 대한 처벌로 돈을 내다.

05

동 **처벌을 받다**

예 회사의 비밀 정보를 유출한 직원은 엄격한 **처벌을 받았다.**

뜻 법적으로 잘못된 행동을 했을 때, 그 행동에 대한 책임을 지고 법적인 처벌을 받다.

06 명 **신고 전화**

예 집에 화재가 발생했을 때 119에 **신고 전화**를 하고 안전한 곳으로 대피해야 한다.

뜻 경찰이나 다른 공공기관에 어떤 사건이나 범죄가 발생했음을 알리기 위해 전화로 신고하는 것.

07 명 **무단**

예 **무단**으로 영화를 다운로드하는 것은 불법이다.

뜻 허가나 허락을 받지 않고 불법적으로 하는 것.

08 명 **저작권법**

예 이 책은 **저작권법**에 의해 보호되고 있으므로 무단으로 복제하거나 판매하는 것은 불법입니다.

뜻 창작물의 저작자에게 주어지는 권리와 그 권리를 보호하는 법.

09 명 **주정차 금지**

예 '**주정차 금지**' 표지가 설치된 곳에서는 차량을 주차할 수 없습니다.

뜻 길이나 도로에서 차량을 일정한 곳에 세우거나 일시적으로 멈추는 것을 금지하는 것.

10 명 **쓰레기 불법 투기 단속**

예 지역 주민들의 민원으로 **쓰레기 불법 투기 단속**을 강화하고 있다.

뜻 쓰레기를 함부로 아무 곳에나 버리는 것을 단속하고 처벌하는 것.

11 부 **함부로**

예 길에 쓰레기를 **함부로** 버리면 안 돼요.

뜻 깊이 생각하지 않고 하고 싶은 대로.

연습문제 보기 와 같이 알맞은 것을 골라 대화를 완성하세요.

> 범죄   벌금   무단   저작권법   주정차 금지

> **보기**
> 알리   요즘 인터넷에서 개인 정보를 해킹하는 **범죄**가 늘어나고 있대요.
> 토니   그래요? 비밀번호를 자주 바꿔야겠어요.

바베쉬   리마 씨, 최신 영화를 무료로 볼 수 있는 사이트가 있는데 같이 볼래요?

리마   ① _____에 걸리면 안 되니까 영화관에 가서 봐요.

줄리아   여기에 주차해도 될까요?

경비원   이곳은 ② _____ 구역이니까 다른 곳에 주차하세요.

선생님   주니 씨, 오늘 지각했으니까 ③ _____ 500원 내세요.

주니   선생님, 죄송해요. 다음부터는 늦지 않을게요.

이군   인터넷에서 누군가가 제 프로필 사진을 ④ _____ ((으)로) 사용했어요.

　　　 어떡하지요?

다니엘   일단 사이버수사국에 신고하세요.

1 동사 + -다시피

듣는 사람이 이미 보거나 알고 있는 것을 표현하고자 할 때 사용하며 높임말 '-(으)시'와 결합한
형태로 많이 사용한다. '알다, 듣다, 보다, 이야기하다, 말하다' 등의 일부 동사 뒤에 붙는다.

| 동사 | • 받침 ○ , × + -다시피 | 예 누구나 알다시피 모든 외국어는 어렵습니다. |
| | | 예 여기 보시다시피 금연 구역에서는 담배를 피우시면 안 됩니다. |

TIP! **과거 표현**: 동사 + -았/었다시피   ✔ 아까 말씀드렸다시피 다음 주 월요일에 회의가 있습니다.

동사	-다시피	동사	-다시피
자료에서 보다	자료에서 보다시피	뒤에 보다	
앞에서 말하다		설명하다	
느끼다		이야기하다	
소개하다		짐작하다	

연습문제 　보기와 같이 문장을 완성하세요.

> **보기**
>
> 여러분도 **느끼다시피** 한국어 공부가 항상 재미있고 쉬운 것은 아닙니다. (느끼다)

1. 제가 자료로 _____ 제주도에는 큰 화산섬인 성산 일출봉이 있습니다.
　　　　　(소개했다)

2. 여러분도 이미 _____ 4단계 과정이 끝나면 중간평가가 있습니다.
　　　　　　　　　(알다)

3. 뉴스에서도 많이 _____ 음주 운전 사고가 증가하고 있습니다.
　　　　　　　　(보셨다)

4. 아까 제가 _____ 사회통합프로그램을 신청하려면 외국인 등록증이 필요해요.
　　　　　(말했다)

2 동사 + -는 법이다

앞의 상태나 행동이 그렇게 되는 것이 당연하거나 이미 정해진 것임을 나타낼 때 사용한다.

TIP! '-기 마련이다'는 당연한 사실일 경우는 '-는 법이다'와 바꿔 쓸 수 있다. 그러나 '-아/어야 하다'와 결합하여 당위성을 나타낼 경우는 바꿔 쓸 수 없다.

✔ 한국에서 생활하기 위해서는 한국어를 공부해야 하는 법이다. (○)

한국에서 생활하기 위해서는 한국어를 공부해야 하기 마련이다. (✕)

동사	• 받침 ○, ✕ + -는 법이다	예 모든 일에는 순서가 있는 법이지요.
		예 주어진 일에 최선을 다하는 사람이 성공하는 법이에요.

동사	-는 법이다	동사	-는 법이다
성공하다	성공하는 법이다	잘 듣다	
벌금을 내다		기회를 잡다	
법규를 지켜야 하다		처벌을 받다	
공부를 해야 하다		변하다	
찾다		*알다	

연습문제　보기 와 같이 문장을 완성하세요.

> 보기　공공 장소에서는 **질서를 지켜야 하는 법이다.**
> (질서를 지켜야 하다)

1. 밤늦게 야식을 먹으면 _____.
(살이 찌다)

2. 한국어를 열심히 공부하면 _____.
(*실력이 늘다)

3. 운동을 꾸준히 하면 _____.
(건강해지다)

4. 범죄를 저지르면 언젠가는 결국 _____.
(처벌을 받다)

동 동사　형 형용사　명 명사　부 부사　표 표현

 말하기

01　명 **응급실**
예 밤에 갑자기 아이가 아파서 **응급실**에 다녀왔어요.

🖉

뜻 의료 기관에서 신속하고 긴급한 치료를 필요로 하는 환자들을 위한 곳.

02　동 **당황하다**
예 친구랑 이야기하다가 갑자기 친구가 화를 내서 **당황했어요.**

🖉

뜻 예상치 못한 상황이 발생해서 놀라거나 어찌할 바를 모르다.

03　명 **헬멧**
예 오토바이를 운전할 때는 꼭 **헬멧**을 착용하세요.

🖉

뜻 머리를 보호하기 위해 쓰이는 안전 용품.

04　명 **카 시트**
예 아이의 키와 몸무게에 맞는 **카 시트**를 설치했어요.

🖉

뜻 자동차 안에 설치할 수 있는 유아나 어린 아이를 보호하기 위한 자동차 좌석.

 듣기

01　명 **공유**
예 이 앱은 이용자들이 사진과 동영상을 쉽게 **공유**할 수 있도록 도와준다.

🖉

뜻 정보, 자원, 지식 등을 다른 사람들과 함께 나눔.

02 명 **명예 훼손죄**

예 인터넷에 연예인에 대해 함부로 악성 댓글을 달면 **명예 훼손죄**가 적용될 수 있다.

뜻 허위 사실 등으로 다른 사람의 명예나 신용을 손상시키는 범죄 행위.

03 명 **모욕죄**

예 A 씨는 공공장소에서 행인에게 욕을 해서 **모욕죄**로 처벌을 받았다.

뜻 다른 사람을 비하하거나 명예를 손상시켜서 상처를 입히는 범죄 행위.

어휘 쑥쑥 - 읽기 ①

01 명 **경범죄**

예 쓰레기를 아무 데나 버리는 것은 **경범죄**에 해당된다.

뜻 일상생활에서 일어날 수 있는 상대적으로 가벼운 범죄.

02 명 **쓰레기 투기**

예 공원 내에 **쓰레기 투기**하다가 적발될 경우 벌금을 내야 한다.

뜻 공공장소나 도시 내에서 쓰레기를 마음대로 버리는 행위.

03 명 **음주 소란**

예 그는 식당에서 술을 마시고 **음주 소란**을 일으켜 경범죄 처벌을 받았다.

뜻 술을 마셔서 발생하는 시끄러운 소음이나 소란.

04 　명 **무단 침입**

예 A 씨는 혼자 사는 B 씨의 집에 **무단 침입**해서 돈을 훔친 혐의를 받고 있다.

🖉

뜻 다른 사람의 집에 사전에 허락을 받지 않고 강제로 들어가는 것.

05 　명 **검거율**

예 최근 이 지역에서 범죄는 줄어들고 **검거율**은 늘어난 것으로 나타났다.

🖉

뜻 경찰이 범인을 잡는 비율.

06 　명 **강도**

예 어젯밤 우리 동네 빵집에 **강도**가 들었다.

🖉

뜻 폭행이나 협박으로 남의 물건이나 돈을 뺏는 범죄 행위.

07 　명 **강간**

예 **강간**은 인권을 침해하는 심각한 범죄 중 하나이다.

🖉

뜻 상대방의 허락 없이 강제로 성행위를 하는 범죄 행위.

08 　명 **절도**

예 우리 지역에 최근에 **절도** 사건이 많이 일어나고 있다.

🖉

뜻 다른 사람의 물건을 몰래 가져가거나 훔치는 행위.

09 　명 **폭력**

예 다른 사람을 때리거나 협박하는 것뿐만 아니라 괴롭히거나 협박하는 말이나 행동을 하는 것도 **폭력**에 해당된다.

🖉

뜻 상대방에게 신체적, 정신적인 피해를 입히는 것.

01 형 **대수롭지 않다**

예 사람들은 경범죄를 **대수롭지 않게** 생각하는 경우가 많다.

뜻 일이나 사건이 중요하거나 가치가 있는 것으로 여겨지지 않다.

✏️

02 형 **성숙하다**

예 시민들의 **성숙한** 태도 덕분에 경범죄가 줄어들고 있다.

뜻 어떤 사람이나 사물이 어떤 면에서 발전하거나 성장하여 어른스러워지거나 완성도가 높아지다.

✏️

03 동 **괴롭히다**

예 반 친구를 놀리고 **괴롭히는 것도** 학교 폭력이 될 수 있다.

뜻 다른 사람을 신체적, 정신적으로 해롭게 하거나 고통스럽게 하다.

✏️

04 명 **시민 의식**

예 **시민 의식**을 향상시키기 위해서는 청소년들에게 환경 보호의 중요성을 가르쳐야 한다.

뜻 공동체의 이익을 중시하며, 공공의 복지와 발전을 위해 책임감을 가지고 행동하는 태도와 인식.

✏️

종합 연습

● 빈칸에 알맞은 어휘와 뜻을 쓰세요.

1. [   ] ➡ 창작물의 저작자에게 주어지는 권리와 그 권리를 보호하는 법.

2. [   ] ➡ 의료 기관에서 신속하고 긴급한 치료를 필요로 하는 환자들을 위한 곳.

3. [   ] ➡ 경찰이 범인을 잡는 비율.

4. 무단 침입 ➡ [   ]

5. 쓰레기 투기 ➡ [   ]

6. 신고 전화 ➡ [   ]

● 빈칸에 알맞은 어휘를 써서 문장을 완성하세요.

1. 오토바이를 운전할 때는 꼭 ＿＿＿＿＿＿＿을 착용하세요.

2. 공공장소에서 흡연하는 것은 금지되어 있으며 위반할 시 ＿＿＿＿＿＿＿을 내야 한다.

3. 길에 쓰레기를 ＿＿＿＿＿＿＿ 버리면 안 돼요.

4. 다른 사람을 때리거나 협박하는 것뿐만 아니라 괴롭히거나 협박하는 말이나 행동을 하는 것도 ＿＿＿＿＿＿＿에 해당된다.

16과 이민 생활의 꿈

어휘 쏙쏙 - 도입

01 👤 **막막하다**

[예] 다니던 회사가 문을 닫아서 앞으로 어떻게 먹고살아야 할지 **막막해요.**

💬 직접 문장을 만들어 보아요.

[뜻] 상황이나 일에 대해 해결책이 없어서 불안하고 걱정이 많다.

---

02 👤 **갈등을 겪다**

[예] 친구와 생각이 달라서 **갈등을 겪은 적**이 있어요.

[뜻] 서로 생각이나 감정이 달라서 부딪히다.

---

03 👤 **차별 대우**

[예] 학교에서는 장애 학생들에 대한 **차별 대우**가 없도록 노력해야 한다.

[뜻] 어떤 그룹이나 개인에 대해 불공평하게 대우하다.

---

04 👤 **극복하다**

[예] 직원들의 노력 덕분에 회사는 어려운 시기를 **극복할 수 있었다.**

[뜻] 어려운 상황이나 고통을 이겨 내다.

---

05 👤 **주변에 도움을 청하다**

[예] 신입 사원일 때 회사 업무를 어떻게 해야 할지 몰라서 **주변에 도움을 청했어요.**

[뜻] 다른 사람들에게 도움을 요청하거나 부탁하다.

06 　동 **법에 호소하다**

예 친구가 돈을 빌렸는데 갚지 않고 연락도 받지 않아서 **법에 호소할 수밖에** 없어요.

🖉

뜻 법원이나 관련 기관에 자신의 권리나 이익을 지키기 위해 법적으로 구제나 보호를 요청하다.

07 　동 **불의에 타협하다**

예 아무리 힘든 일이 있어도 **불의에 타협하지 않고** 정직하게 살아야 한다.

🖉

뜻 불공평하거나 부당한 상황에서 그 상황을 개선하거나 극복하려는 대신에 불공평한 상황을 수용하고 받아들이다.

08 　부 **그때그때**

예 한국어를 공부하다가 모르는 단어가 있으면 **그때그때** 물어보세요.

🖉

뜻 일이 벌어지거나 기회가 주어질 때마다.

09 　동 **털어놓다**

예 고민이 있거나 걱정이 많을 때는 친구에게 마음을 **털어놓는다**.

🖉

뜻 마음속에 숨겨두었던 비밀이나 고민을 솔직하게 말하다.

10 　명 **합리적**

예 나는 물건을 구입할 때 가격이나 품질을 생각해서 **합리적**인 소비를 하려고 한다.

🖉

뜻 논리적으로 생각하고 판단하여 상황에 적절한 결정을 내림.

연습문제 [보기]와 같이 알맞은 것을 골라 문장을 완성하세요.

> 갈등을 겪다   막막하다   극복하다   차별 대우   그때그때

> [보기]
> 부모와 자녀가 **갈등을 겪을 때**에는 대화로 해결해야 한다. (-(으)ㄹ 때)

1. 새로운 환경에서는 _____ 상황에 맞게 대처하는 것이 중요하다.

2. 내일 한국어 시험이 있는데 어떤 문제가 나올지 몰라서 _____. (-아/어요)

3. 여성이라는 이유로 회사에서 _____ (을/를) 당한 적이 있어요.

4. 영화 속 주인공들은 어려움을 _____ (-(으)면서) 성장하게 된다.

1 동사/형용사 + -(으)ㄹ지도 모르다

확실하지 않은 내용을 추측하거나 짐작해서 말할 때 사용한다.

동사 형용사	• 받침 ○ + -을지도 모르다	예 지금 식당에 안 가면 자리가 없어서 점심을 못 **먹을지도 몰라요.**
		예 주말에 영화관에 가면 사람이 **많을지도 모르니까** 평일에 시간 있을 때 영화 보러 가요.
	• 받침 ✕ + -ㄹ지도 모르다	예 오늘 고향에 EMS를 보냈는데 도착하는 데 오래 **걸릴지도 몰라요.**
		예 바테 씨가 지금 회사 일 때문에 **바쁠지도 모르니까** 나중에 전화해 보세요.

TIP! **과거 표현)** 동사/형용사 + -았/었을지도 모르다 ☑ 주니 씨가 사무실에 없는 걸 보니까 이미 퇴근했을지도 몰라요.

명사 ○, ✕ + 일지도 모르다 ☑ 찰리 씨가 전화를 안 받는데 지금 아마 회의 중일지도 몰라요.

동사	-(으)ㄹ지도 모르다	형용사	-(으)ㄹ지도 모르다
비가 오다	비가 올지도 모르다	날씨가 좋다	
집에 없다		영화가 재미없다	
김치를 못 먹다		*날씨가 춥다	
*음식을 만들다		*일이 힘들다	

연습문제 보기 와 같이 문장을 완성하세요.

> 보기
> 오늘 중요한 회의가 있어서 모임에 **못 갈지도 몰라요.** (못 가다)

1. 미래에는 환경 오염 때문에 지구가 _____. (없어지다)

2. 제이드 씨는 K-pop을 좋아하니까 이 노래를 이미_____. (알고 있다)

3. 이 음식을 먹어 본 적은 없지만 냄새가 좋은 걸 보니까 _____. (맛있다)

4. 오늘 오후에 _____ (-(으)니까) 우산을 꼭 챙기세요. (비가 오다)

2 명사 + 치고

앞의 말 전체가 예외 없음을 나타내거나 그중 예외적임을 나타낼 때 사용한다.

1) 앞의 말 전체가 예외가 없음을 나타낼 때는 뒤에 부정적인 문장이나 *수사 의문문이 와야 한다.

> *수사 의문문: 문장의 형식은 물음을 나타내지만 물어보는 것이 아니라 강한 긍정이나 부정의 효과를 가지고 있는 의문문

> 예 요즘 아이들치고 게임을 안 좋아하는 아이가 없다. (요즘 아이들은 게임을 다 좋아한다.)

> 예 요즘 아이들치고 휴대폰이 없는 아이가 어디 있어요? (요즘 아이들은 휴대폰이 다 있다.)

2) 반면에 예외적임을 나타낼 때는 뒤에 긍정적인 문장이나 부정적인 문장이 모두 올 수 있으며 수사 의문문은 올 수 없다.

> 예 처음 만든 요리치고 맛있다. (처음 만든 요리인데도 맛있다.)

> 예 이 노트북은 중고치고 상태가 아주 좋다. (중고 노트북인데도 상태가 아주 좋다.)

명사	· 받침 ○, × + 치고	예 외국에서 생활하는 사람치고 안 힘든 사람이 없다.
		예 그는 신입 사원치고 일을 매우 잘한다.
		예 한국 사람치고 제주도를 모르는 사람이 어디 있어요?
		예 그는 가수치고 노래를 못한다.

명사	치고	명사	치고
한국 사람	한국 사람치고	드라마	
새 집		겨울 날씨	
신입 사원		커피	
중고 책		영화 배우	

연습문제 보기와 같이 문장을 완성하세요.

> 보기 그는 **유학생치고** 외국 대학 생활에 빨리 적응한 편이에요.
> (유학생)

1. 오늘 본 영화는 ＿＿＿＿＿＿＿＿＿ 그렇게 무섭지 않았어요.
   (공포 영화)

2. ＿＿＿＿＿＿＿＿＿ 안 비싼 곳이 어디 있어요? 다 비싸지요.
   (강남에 있는 식당)

3. ＿＿＿＿＿＿＿＿＿ 카카오톡을 안 하는 사람이 없어요.
   (한국 사람)

4. 올해는 ＿＿＿＿＿＿＿＿＿ 날씨가 많이 덥지 않네요.
   (여름)

어휘 쏙쏙 - 말하기

01 명 **수료식**

예 한국어 수업이 다 끝나면 **수료식**이 있을 거예요.

✏️

뜻 학교나 학원, 기관 등에서 어떤 것을 배우는 프로그램을 마친 것을 기념하는 행사.

02 명 **소감**

예 안녕하십니까? 오늘 **소감**을 발표하게 된 안나라고 합니다.

✏️

뜻 어떤 일에 대해 생각하고 느낀 것을 말하는 것.

어휘 쏙쏙 - 듣기

01 명 **영광**

예 이번 올림픽에 참가하게 되어 큰 **영광**입니다.

✏️

뜻 빛나고 아름다운 명예.

02 명 **비결**

예 제가 한국에서 성공할 수 있었던 **비결**은 힘들어도 포기하지 않고 끊임없이 노력하는 것이었습니다.

✏️

뜻 다른 사람들이 모르는 자신만의 방법이나 해결책.

03 동 **마음먹다**

예 모델이 되겠다고 **마음먹은** 후에 무대에 서기 위해 계속 노력했습니다.

✏️

뜻 무엇을 하겠다는 생각을 하다.

어휘 쏙쏙 — 읽기 ①

01 **명 문화 전도사**

예 저는 한국에 베트남의 전통 문화를 알리기 위해 베트남 **문화 전도사**가 되기로 마음먹었어요.

뜻 문화를 세계적으로 알리는 사람.

02 **명 통역사**

예 저는 일본어를 한국어로 통역하는 전문 **통역사**가 되고 싶어요.

뜻 한 언어에서 다른 언어로의 의사소통을 돕는 역할을 하는 사람.

03 **동 끊임없이 도전하다**

예 한국 생활이 어렵고 힘들어도 **끊임없이 도전할 거예요.**

뜻 계속해서 어려운 상황이나 문제를 마주하더라도 끝까지 포기하지 않고, 끊임없이 도전하다.

04 **명 자기 계발**

예 **자기 계발**을 하기 위해 일이 끝난 후에도 온라인으로 코딩을 배우고 있어요.

뜻 자신의 능력이나 역량을 향상시키기 위해 노력하는 것.

05 **동 열정을 쏟다**

예 한국어를 잘하기 위해서라면 모든 **열정을 쏟아서** 공부할 거예요.

뜻 매우 열심히 노력하고 자신의 마음을 다해 일을 하다.

06 **동 고난을 이기다**

예 그는 어려운 상황에서도 포기하지 않고 끊임없이 노력하여 **고난을 이겨냈다.**

뜻 어려운 상황이나 고통을 극복하고 이겨내다.

어휘 쏙쏙 - 읽기 ②

01 명 **발표문**

예 다음 주까지 '나의 꿈'이라는 주제로 **발표문**을 쓰고 친구들 앞에서 발표해야 해요.

뜻 어떤 주제에 대해 자신이 발표할 내용을 쓴 글.

02 동 **모시다**

예 저는 시부모님을 **모시면서** 아이 둘을 키우고 있어요.

뜻 나이가 많거나 지위가 높은 사람을 공경하며 소중히 대하다.

03 명 **새내기**

예 저는 이번에 대학에 입학한 1학년 **새내기**예요.

뜻 대학이나 직장에 처음 들어온 사람.

04 명 **간호조무사**

예 저는 **간호조무사**가 되기 위해 자격 시험 공부를 하고 있어요.

뜻 의사나 간호사의 지시에 따라 환자를 보살피고 돌보는 일을 하며 진료 업무를 보조하는 사람.

05 명 **직후**

예 저는 결혼 **직후**에 아내의 고향인 부산에 오게 됐어요.

뜻 어떤 일이나 사건이 일어난 바로 다음 순간.

06 동 **취득하다**

예 저는 올해 운전면허증을 꼭 **취득할 거예요.**

뜻 (자격증이나 권리 등을) 자기 것으로 만들어 가지다.

07 동 **운영하다**

예 센터에서 간호조무사 취업 과정을 **운영한다고 해요.**

뜻 어떤 사업을 진행하며 관리하다.

08 명 **나날**

예 바쁘고 힘든 **나날**이지만 언젠가는 제 꿈을 꼭 이룰 거예요.

뜻 계속 이어지는 하루하루의 날들.

종합 연습

● 빈칸에 알맞은 어휘와 뜻을 쓰세요.

1. [_____] → 학교나 학원, 기관 등에서 어떤 것을 배우는 프로그램을 마친 것을 기념하는 행사.

2. [_____] → 자신의 능력이나 역량을 향상시키기 위해 노력하는 것.

3. [_____] → 대학이나 직장에 처음 들어온 사람.

4. 비결 → [_____]

5. 소감 → [_____]

6. 문화 전도사 → [_____]

● 빈칸에 알맞은 어휘를 써서 문장을 완성하세요.

1. 모델이 되겠다고 _____ 후에 무대에 서기 위해 계속 노력했습니다. ((-으)ㄴ)

2. 저는 시부모님을 _____ 아이 둘을 키우고 있어요. ((-으)면서)

3. 저는 올해 운전면허증을 꼭 _____. ((-으)ㄹ 거예요)

4. 한국어를 공부하다가 모르는 단어가 있으면 _____ 물어보세요.

부록

1. 원고지 쓰기

1) 원고지 쓰기 기본 규칙

❶ 단락의 첫 문장은 한 칸을 비우고 쓰세요.

	주	말	마	다		해	외	로		여	행	을		간	다	.			

❷ 한 칸에 한 자씩 쓰고, 마침표(.)나 쉼표(,)도 한 칸에 쓰세요.

	한	국		음	식		중	에	서		비	빔	밥	,	불	고	기	,	김
밥	을		좋	아	한	다	.												

❸ 띄어쓰기를 할 때 한 칸을 비우고 쓰고, 띄어쓰기를 해야 하는 칸이 처음 칸이 될 때에는 띄어쓰기를 하지 않아요.

	한	국	어	는		어	렵	지	만		배	울	수	록		재	미	있	고	✓
한	국		문	화	도		더		잘		이	해	할		수		있	어	서	

❹ 줄의 마지막 칸에 문장이 끝날 때 마침표(.)가 겹치게 될 경우 둘을 한 칸에 쓰세요.

	인	터	넷	은		우	리		생	활	에		편	리	함	을		준	다.

연습문제

✎ 다음 문장을 원고지에 옮겨 써 보세요.

1. 처음 한국에 왔을 때에는 한국 음식도 입에 안 맞고 한국어도 잘 몰라서 힘들었지만 지금은 많이 익숙해졌다.

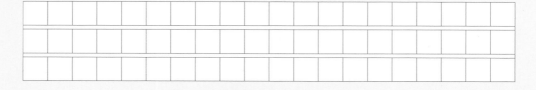

2. 우리 고향에서는 겨울에 얼음 축제가 열리는데 많은 관광객들이 방문한다.

2) 원고지 **숫자 쓰기**

❶ 한 자리로 된 숫자는 한 칸에 한 자씩 쓰고, 두 자리로 된 숫자는 한 칸에 두 자씩 쓰세요.

[예] 2023년 8월 / 5개에 10만 원

20	23	년		8	월	,	5	개	에		10	만		원				

❷ 세 자리 이상의 숫자는 아래와 같이 쓰세요.

[예] 365일 / 4,500원 / 2,500,000명

36	5	일	,	4,	50	0	원	,	2,	50	0,	00	0	명				

[예] 대한민국 인구는 약 5,158만 명이다.

	대	한	민	국		인	구	는		약		5,	15	8	만		명	이	다.

❸ 숫자와 소수점을 같이 쓸 때는 원고지 한 칸에 숫자 하나와 소수점을 같이 쓰세요.

[예] 25.5%, 45,000원 / 2,500,000명

25	.5	%	,	45	,0	00	원	,	2,	50	0,	00	0	명				

❹ 숫자가 남으면 원고지 밖에 쓰세요.

예 대한민국의 인구는 현재 약 51,558,034명이다.

대	한	민	국	의		인	구	는		현	재		약		51	,5	58	,0	34
명	이	다	.																

연습문제

✎ 다음 문장을 원고지에 옮겨 써 보세요.

1. 지난 10월, 관광객 200명 이상이 국제 행사장을 방문했다.

2. 2023년 4월부터 지하철 요금이 1,250원에서 1,550원으로 24% 인상될 예정이다.

3) 원고지에 **알파벳 쓰기**

- 영어 알파벳 대문자는 한 칸에 한 자씩 쓰고, 알파벳 소문자는 한 칸에 두 자씩 쓰세요.

예 KIIP란 Korea Immigration & Integration Program의 약자이다.

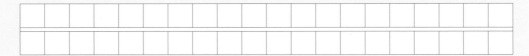

I	nt	eg	ra	ti	on		P	ro	gr	am	의		약	자	이	다	.		

연습문제

✎ 다음 단어를 원고지에 옮겨 써 보세요.

1. UNESCO / UN / ASIA

2. K-Pop / Drama / Live

4) 원고지에 **문어체 쓰기**

• 구어와 문어의 차이점

구어(말할 때 사용)	문어(글을 쓸 때 사용)
• 일상적인 대화 상황 : 'N예요/이에요', 'A/V-아/어요'	• 안내문, 초대장 등 : 'N입니다', 'A/V-(스)ㅂ니다'
예	예
① **처음 만난 자리** 　아이샨: 안녕하세요. 저는 리마 회사 동료 　　　　　아이샨이에요. 이름이 어떻게 되세요? 　바베쉬: 저는 리마 대학 동기 바베쉬라고 　　　　　해요. 만나서 반가워요.	① **안내문** 　엘리베이터 수리로 인해 오늘 오후 3시부터 5시까지 이용하실 수 없습니다. 이용에 불편을 드려 죄송합니다.
② **약속** 　자영: 이군 씨, 이번 주 토요일에 같이 영화 　　　　보러 갈래요? 　이군: 네, 좋아요. 어디에서 만날까요? 　자영: 명동역 앞에서 만나요.	② **초대장** 　〈즐거운 어린이날 행사에 가족 여러분을 초대합니다〉 　5월 5일 어린이날을 맞이하여 우리 유치원에서는 어린이날 기념 행사를 마련하였습니다. 학부모님들의 관심과 참여 부탁드립니다. 감사합니다.

- 뉴스 보도, 발표, 면접 등 격식적인 상황
  : 'N입니다', 'A/V -(스)ㅂ니다'

  예

  ① **뉴스 보도**
  앵커: 시청자 여러분, 안녕하십니까. JYJ뉴스 박연진입니다. 첫 번째 소식입니다.

  ② **면접**
  지원자: 안녕하십니까, 안젤라입니다.
  면접관: 네, 자리에 앉으십시오. 안젤라 씨는 왜 이 회사에 지원하셨습니까?

  ③ **발표**
  발표자: 여러분, 안녕하십니까. 오늘 한국의 의례라는 주제로 발표하게 된 아야노입니다.

- 신문, 잡지, 설명문, 논설문 등
  : 'N이다', 'V-ㄴ/는다' , 'A-다'

  예

  ① **신문**
  서울시가 올해 하반기 지하철 요금 인상 폭을 300원에서 150원으로 낮추는 방안을 검토하고 있다.

  ② **설명문**
  지구 온난화는 지구의 기온이 상승하는 현상을 말한다. 이러한 지구 온난화 현상으로 인해 이상 기후는 세계 곳곳에서 나타나고 있다.

➕ KIIP 중간 평가에서는 100자 원고지에 문어체로 글을 써야 하기 때문에 많은 연습이 필요해요!

(1) 동사(Verb, 動詞)

❶ 동사 현재형

	형태	기본형	현재형
동사 현재형	· **받침 ○ + -는다**	한국어 수업을 **듣다**	한국어 수업을 듣는다
	· **받침 ✕ + -ㄴ다**	한국어 공부를 **하다**	한국어 공부를 한다

연습문제

✎ 다음 문장을 문어체로 바꿔서 써 보세요.

1. 저는 자기 전에 책을 읽어요.

TIP! 저는 → 나는 / 제가 → 내가 / 저의(제) → 나의(내)

2. 집에서 학교까지 1시간쯤 걸려요.

❷ 동사 과거형

	형태	기본형	현재형
동사 과거형	· ㅏ, ㅗ + -았다	친구를 **만나다**	친구를 만났다
	· ㅏ, ㅗ ✕ + -었다	한국어 수업을 **듣다**	한국어 수업을 들었다
	· 하다 = 했다	한국어 공부를 **하다**	한국어 공부를 했다

연습문제

✎ 다음 문장을 문어체로 바꿔서 써 보세요.

1. 처음에는 남편한테서 한국어를 배웠어요.

TIP! 명+한테서(구어체) → 명+에게서(문어체)

2. 어머니 생일 때 어머니에게 선물을 드렸어요.

TIP! 생일 높임말 → 생신

에게/한테 높임말 → 께

❸ 동사 미래형

동사 미래형	형태	기본형	현재형
	· 받침 ○ + −을 것이다	한국어 수업을 **듣다**	한국어 수업을 들을 것이다
	· 받침 ✕ + −ㄹ 것이다	한국어 공부를 **하다**	한국어 공부를 할 것이다

연습문제

✎ 다음 문장을 문어체로 바꿔서 써 보세요.

1. 고향에 돌아가면 고향 음식을 많이 먹을 거예요.

2. 내년에 친구랑 유럽 여행을 할 거예요.

TIP! 명+(이)랑(구어체) → 명+와/과(문어체)

(2) 형용사(Adjective, 形容詞)

❶ 형용사 현재형

형용사 현재형	형태	기본형	현재형
	· 받침 ○, ✕ + −다	날씨가 **좋다**	날씨가 좋다
		연습이 **필요하다**	연습이 필요하다

연습문제

✎ 다음 문장을 문어체로 바꿔서 써 보세요.

1. 한국어를 잘하려면 복습이 중요해요.

2. 그 대선 후보는 지지율이 높아요.

❷ 형용사 과거형

형태		기본형	현재형
형용사 과거형	· ㅏ,ㅗ + -았다	사람이 **많다**	사람이 많았다
	· ㅏ,ㅗ ✕ + -었다	머리가 **길다**	머리가 길었다
	· 하다 = 했다	교통이 **불편하다**	교통이 불편했다

연습문제

✎ 다음 문장을 문어체로 바꿔서 써 보세요.

1. 한국 문화를 잘 몰라서 한국 회사 생활이 힘들었어요.

2. 크리스마스 때 친구들한테 많은 선물을 받아서 기뻤어요.

TIP! 명+한테(구어체) → 명+에게(문어체)

❸ 형용사 미래형 (※예측할 때 주로 사용)

	형태	기본형	현재형
형용사 미래형	· **받침** ○ + –을 것이다	주말에 사람이 **많다**	주말에 사람이 많을 것이다
	· **받침** ✕ + –ㄹ 것이다	이 가방은 **비싸다**	이 가방은 비쌀 것이다

연습문제

✎ 다음 문장을 문어체로 바꿔서 써 보세요.

1. 중간 평가가 많이 어려울 거예요.

2. 한국어와 한국 문화를 공부하지 않으면 한국 생활이 힘들 거예요.

(3) 명사(Noun, 名詞)

❶ 명사 현재형

	형태	기본형	현재형
명사 현재형	· **받침 ○, ✕ + -이다**	그는 학생**이다**	그는 학생이다
		그는 의사**이다**	그는 의사이다

연습문제

✎ 다음 문장을 문어체로 바꿔서 써 보세요.

1. 저는 영어 선생님이에요.

2. 제 고향은 알마티예요.

❷ 명사 과거형

	형태	기본형	현재형
명사 과거형	· **받침 ○ + -이었다**	5년 전에 유학생**이다**	5년 전에 유학생이었다
	· **받침 ✕ + -였다**	그는 좋은 친구**이다**	그는 좋은 친구였다

연습문제

✎ 다음 문장을 문어체로 바꿔서 써 보세요.

1. 저는 10년 전에 고향에서 유명한 요리사였어요.

2. 어제는 더운 날씨였어요.

❸ 명사 미래형 (※예측할 때 주로 사용)

명사 미래형	형태	기본형	현재형
	· **받침** ○, ✕ + **−일 것이다**	그는 아마 학생**이다**	그는 아마 학생일 것이다
		그는 아마 부자**이다**	그는 아마 부자일 것이다

연습문제

🖊 다음 문장을 문어체로 바꿔서 써 보세요.

1. 쿤상 씨가 이번 시험에서 1등일 거예요.

2. 이 시험은 귀화용 종합평가일 거예요.

01과 한국 생활

● 한국 생활에 적응하기 위해 어떤 노력을 했는지를 생각해 보면서 예문을 참고하여 글을 써 보세요.

한	국	에		처	음		왔	을		때		한	국		생	활	에
적	응	하	기		위	해		한	국	어	뿐	만		아	니	라		한	국
문	화	를		이	해	하	려	고		한	국		드	라	마	도		보	고
한	국	에		대	한		책	도		많	이		읽	었	다	.		그	래	서
지	금	은		한	국		생	활	에		많	이		익	숙	해	졌	다	.

➕ 핵심어 : 처음 / 적응하다 / 익숙해지다

🖉 쓰기 도전

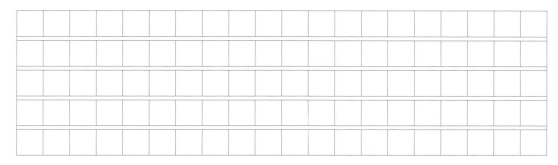

02과 가족의 변화

● 예문을 참고하여 여러분이 원하는 가족 형태의 장점에 대해 글을 써 보세요.

	대	가	족	은		여	러		세	대	가		함	께		살	기		때
문	에		어	려	운		일	이		있	을		때		서	로		도	움
을		주	고	받	을		수		있	다	.	또	한		가	족		간	의
유	대	가		깊	기		때	문	에		따	뜻	한		정	을		느	낄
수		있	어	서		좋	다	.											

➕ 핵심어 : 대가족 / 세대 / 유대가 깊다 / 함께 살다

쓰기 도전

03과 현대 과학 기술

● 예문을 참고하여 우리 생활에 편리함을 주는 제품에 대해 글을 써 보세요.

	빨	래		건	조	기	는		여	름	철		습	한		날	씨	,	비
오	는		날	씨	에		상	관	없	이		빨	랫	감	을		빠	르	게
말	릴		수		있	고		자	주		입	는		옷	이	나		속	옷
을		그	때	그	때		건	조	해	서		입	을		수		있	기	
때	문	에		매	우		편	리	하	다	.								

➕ 핵심어 : 빠르다 / 그때그때 / 편리하다

📋 쓰기 도전

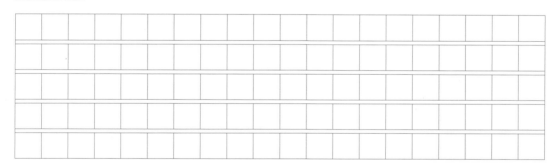

04과 한국의 경조사

● 예문을 참고하여 고향의 특별한 날에 대해 글을 써 보세요.

	중	추	절	은		음	력		8	월		15	일	로		중	국		4
대		전	통		명	절		중		하	나	이	다	.		중	추	절	에	는
다	양	한		맛	의		월	병	을		먹	는	데		가	족	,	친	구
들	에	게		월	병	을		선	물	하	기	도		하	고		함	께	
나	눠	먹	기	도		한	다	.											

➕ 핵심어 : 전통 명절 / 선물하다 / 나눠먹다

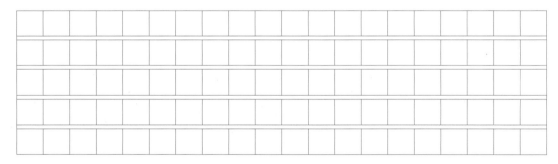

🖹 쓰기 도전

05과 한국의 문화유산

● 예문을 참고하여 여러분이 알고 있는 세계 문화유산을 소개하는 글을 써 보세요.

한	국	의		김	장	은		한	꺼	번	에		김	치	를		많	이
담	그	는		일	인	데		보	통		초	겨	울	에		가	족	,	주
변		이	웃	들	과		모	여		야	외	에	서		김	장	을		한
다	.	이	러	한		김	장	문	화	는		20	13	년		유	네	스	코
인	류	무	형	문	화	유	산	으	로		등	재	되	었	다	.			

➕ 핵심어 : 문화 / 유네스코 / 등재되다

🖊 쓰기 도전

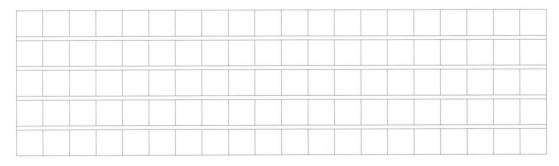

06과 국제 사회

● 예문을 참고하여 국제화 시대에 필요한 인재상에 대해 글을 써 보세요.

	국	제	화		시	대	의		인	재	는		외	국	어		능	력	을
필	수	로		갖	추	고		모	든		인	종	에	게		열	린		마
음	을		갖	고		있	어	야		한	다	.	무	엇	보	다	도		다
른		나	라	에		대	한		배	경	지	식	을		갖	춘		사	람
이		국	제	화		시	대	에		가	장		필	요	하	다	.		

➕ 핵심어 : 외국어 능력 / 갖추다 / 열린 마음 / 배경지식 / 필요하다

🖼️ 쓰기 도전

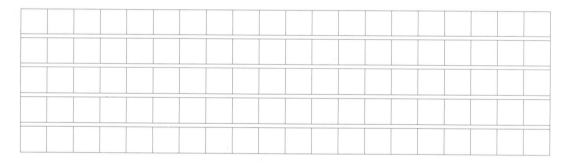

07과 질병과 증상

● 예문을 참고하여 현대인의 병을 예방할 수 있는 생활 습관에 대해 글을 써 보세요.

	현	대	인	이		많	이		걸	리	는		성	인	병	을		예	방
하	기		위	해	서	는		규	칙	적	인		운	동	과		균	형	
잡	힌		식	사	를		해	야		하	며		충	분	한		수	면	이
필	요	하	다	.		또	한		음	주	와		자	극	적	인		음	식 은
적	정	량	으	로		제	한	해	야		한	다	.						

✚ 핵심어 : 성인병 / 예방하다 / 규칙적인 운동 / 균형 잡힌 식사 / 충분한 수면 / 음주 / 자극적인 음식 / 적정량 / 제한하다

🖥 쓰기 도전

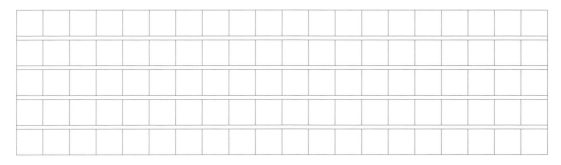

08과 인터넷과 정보

● 예문을 참고하여 인터넷과 스마트폰을 잘 사용할 수 있는 방안에 대해 글을 써 보세요.

	인	터	넷	과		스	마	트	폰	을		잘		사	용	하	기		위
해	서	는		먼	저		중	독	을		예	방	하	기		위	해		사
용		시	간	을		제	한	해	야		한	다	.		또	한		정	보	를
검	색	할		때	에	는		믿	을		수		있	는		정	보	인	지
출	처	를		반	드	시		확	인	해	야		한	다	.				

✚ 핵심어 : 중독 / 예방하다 / 제한하다 / 정보 / 검색하다 / 출처 / 확인하다

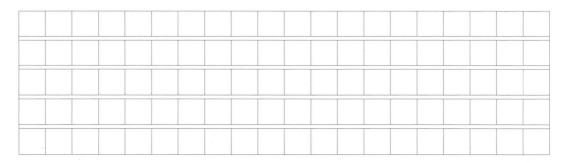

🔖 쓰기 도전

09과 사고와 사건

● 예문을 참고하여 자신이 경험한 사건이나 사고에 대한 글을 써 보세요.

	집	에	서		차	를		마	시	려	고		전	기		포	트	로
끓	인		물	을		컵	에		따	르	다	가		손	잡	이	를	놓
쳐	서		허	벅	지	에		화	상	을		입	는		사	고	가	있
었	다	.	그	때		너	무		아	프	고		가	려	워	서		한
달		동	안		화	상		치	료	를		받	았	다	.			

➕ 핵심어 : 화상을 입다 / 사고 / 아프다 / 가렵다 / 치료를 받다

🖹 쓰기 도전

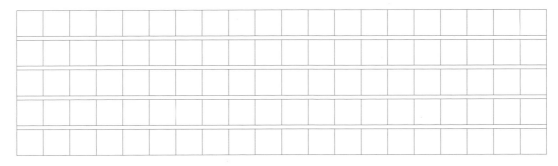

10과 올바른 언어생활

- 예문을 참고하여 한국어를 하면서 여러분이 느끼는 어려움과 한국어를 잘하기 위해 어떤 노력이 필요한 지 써 보세요.

한	국	어	를		할		때		발	음	과		억	양	이		가	장
어	렵	다	고		느	낀	다	.	그	래	서		자	연	스	러	운		억
양	과		발	음	을		위	해		한	국		친	구	와		한	국	어
로		대	화	하	고		한	국		드	라	마	의		대	사	를		여
러		번		반	복	해	서		따	라		한	다	.					

➕ 핵심어 : 발음 / 억양 / 자연스럽다 / 대화를 나누다 / 연습 / 꾸준히

쓰기 도전

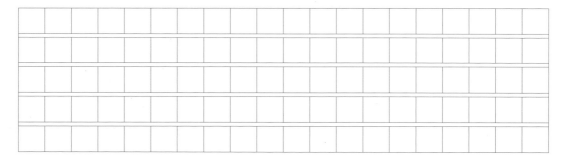

11과 한국의 교육 제도

● 예문을 참고하여 여러분 나라의 교육 제도를 설명하는 글을 써 보세요.

	미	국	의		교	육		제	도	는		주	별	로		운	영	되	며
초	중	고	교	는		무	상		교	육	이		제	공	된	다	.	대	학
은		일	반		대	학	과		커	뮤	니	티		대	학	으	로		나
뉘	며	,	대	학		입	시	로		S	A	T	,		A	C	T		등	의
시	험	이		있	다	.													

✚ 핵심어 : 운영되다 / 무상 교육 / 나뉘다 / 입시

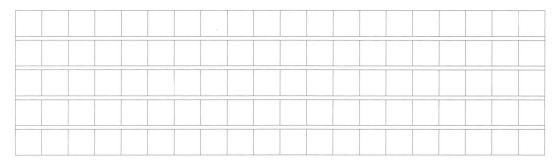

12과 한국의 정치

● 예문을 참고하여 '함께하고 싶은 리더'에 대한 글을 써 보세요.

함	께	하	고		싶	은		리	더	란		일	의		목	표	를	
달	성	하	는		과	정	에	서		동	료	들	과		함	께		협	력
하	고		소	통	하	는		리	더	이	다	.	이	러	한		리	더	는
동	료	들	의		의	견	을		존	중	하	고		팀	을		이	끌	어
나	갈		수		있	는		리	더	십	이		있	다	.				

➕ 핵심어 : 목표를 달성하다 / 과정 / 협력하다 / 소통하다 / 리더십

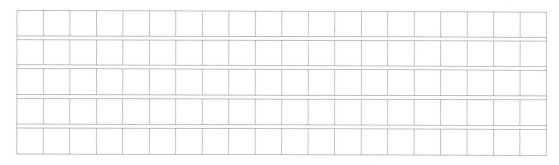

쓰기 도전

13과 환경 보호와 실천

● 예문을 참고하여 환경 보호를 위해 어떤 노력을 하고 있는지 써 보세요.

평	소	에		일	회	용		종	이	컵	과		비	닐		사	용	을
줄	이	기		위	해		휴	대	용		텀	블	러	와		에	코	백	을
가	지	고		다	닌	다	.	그	리	고		에	너	지	를		절	약	하
기		위	해		사	용	하	지		않	는		전	자		기	기	의
전	원	은		항	상		꺼		놓	는	다	.						

➕ 핵심어 : 일회용 / 줄이다 / 휴대용 / 가지고 다니다 / 전원

쓰기 도전

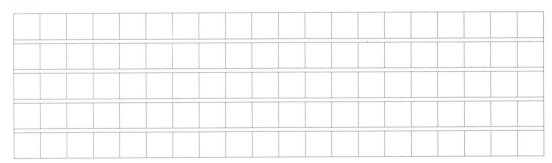

14과 생활 속 경제

● 예문을 참고하여 우리 생활에서 물가 변화가 크다고 느낀 품목과 그 이유에 대해 써 보세요.

	우	리		생	활	에	서		물	가		변	화	가		가	장		크
게		느	껴	지	는		품	목	은		식	료	품	이	다	.	왜	냐	하
면		기	후		변	화	로		인	해		농	작	물	의		수	확	량
이		감	소	하	면	서		공	급	량	이		줄	어	들	어		물	가
변	화	에		큰		영	향	을		미	쳤	기		때	문	이	다	.	

✚ 핵심어 : 식료품 / 기후 변화 / 수확량 / 감소하다 / 공급량 / 영향을 미치다

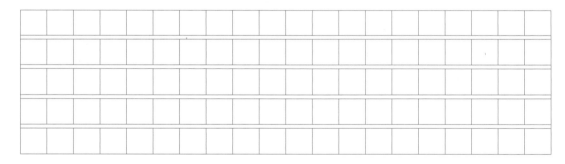

📝 쓰기 도전

15과 준법 생활

● 예문을 참고하여 법과 질서의 필요성에 대해 자신의 생각을 써 보세요.

법	과		질	서	는		우	리		사	회	에	서		매	우		중
요	하	다	.	법	과		질	서	를		지	키	지		않	으	면	다
른		사	람	의		권	리	와		자	유	를		침	해	할		수
있	으	며		사	회	에		혼	란	과		불	안	이		생	길	것
이	다	.		따	라	서		법	과		질	서	를		지	켜	야	한	다	.

➕ 핵심어 : 지키다 / 권리 / 자유 / 혼란 / 불안 / 생기다

쓰기 도전

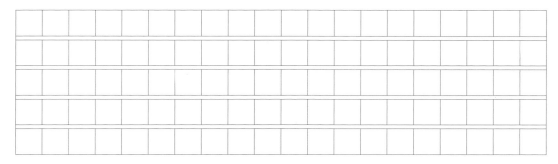

16과 이민 생활의 꿈

● 예문을 참고하여 '나의 꿈'에 대한 글을 써 보세요.

	10	년		후	에		한	국	에	서		가	장		맛	있	는		베
트	남		식	당	을		운	영	하	고		싶	다	.	한	국		사	람
들	에	게		베	트	남	의		다	양	한		음	식	을		한	국	어
로		유	창	하	게		소	개	할		수		있	을		때	까	지	
한	국	어	를		열	심	히		공	부	할		것	이	다	.			

➕ 핵심어 : 운영하다 / 유창하다 / 소개하다

🖋 쓰기 도전

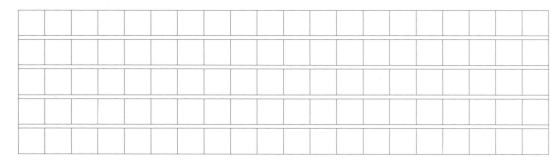

memo

정답

01과 한국 생활

연습문제 p.10

① 향수병에 걸린 것 같은데
② 노하우가 생길
③ 속상해요
④ 자리를 잡아서

문법 p.11

동사	동사
밥을 먹느라고	회의를 하느라고
시험 공부하느라고	아이를 돌보느라고
회사에서 일하느라고	머리를 감느라고
책을 읽느라고	한국 생활에 적응하느라고
저녁을 만드느라고	병원에 다녀오느라고
친구와 노느라고	적은 생활비로 사느라고

연습문제 p.11

1. 준비하느라고
2. 집을 구하느라고
3. 바쁘게 사느라고
4. 회의를 하느라고

문법 p.12

동사	형용사
한국어를 배울수록	머리가 짧을수록
술을 마실수록	일이 바쁠수록
많이 웃을수록	나이가 어릴수록
친구를 사귈수록	몸이 안 좋을수록
음악을 들을수록	한국어가 어려울수록
한국에서 살수록	날씨가 추울수록

연습문제 p.12

1. 알수록
2. 볼수록
3. 길수록

4. 사귈수록

종합 연습 p.19

😊 1. 수기
2. 계기
3. 이주
4. 마음속으로 어떤 일을 하겠다고 결심하다.
5. 보통보다 조금 더한 정도.
6. 성격이나 능력에 잘 맞는다.

😊 1. 겁이 났습니다
2. 어쩌면
3. 당연하지요
4. 이주

02과 가족의 변화

연습문제 p.22

① 독립했어요
② 독거노인
③ 입양하
④ 재혼하

문법 p.23

동사	형용사
책을 읽을 뿐만 아니라	일이 바쁠 뿐만 아니라
매운 음식을 먹을 뿐만 아니라	건강에 좋을 뿐만 아니라
공부할 뿐만 아니라	공부에 필요할 뿐만 아니라
옷을 살 뿐만 아니라	집이 넓을 뿐만 아니라
밤늦게까지 놀 뿐만 아니라	맞벌이 부부가 많을 뿐만 아니라
음악을 들을 뿐만 아니라	날씨가 추울 뿐만 아니라

연습문제 p.23

1. 가격이 저렴할 뿐만 아니라
2. 편할 뿐만 아니라
3. 동료들과 잘 어울릴 뿐만 아니라
4. 한국어와 한국 문화를 배울 수 있을 뿐만 아니라

문법 😊 p.24

동사	형용사
책을 읽을 수밖에 없다	바쁠 수밖에 없다
밥을 먹을 수밖에 없다	건강에 안 좋을 수밖에 없다
공부할 수밖에 없다	직원이 친절할 수밖에 없다
돈을 아낄 수밖에 없다	사람이 많을 수밖에 없다
음식을 만들 수밖에 없다	일이 힘들 수밖에 없다
말을 들을 수밖에 없다	날씨가 추울 수밖에 없다

연습문제 p.24

1. 친구를 만나기 힘들 수밖에 없다
2. 다시 집에 돌아갈 수밖에 없다
3. 김치 만두를 주문할 수밖에 없다
4. 아껴 쓸 수밖에 없다

종합 연습 ▶ p.29

😊 1. 핵가족
2. 맞벌이 부부
3. 가사를 분담하다
4. 한 사회에서 노인의 인구 비율이 높은 상태로 나타나는 일.
5. 생활에서 반드시 필요한 물품.
6. 결혼하지 않고 혼자 사는 사람을 가리키는 말.

😊 1. 시급하다
2. 중시하는
3. 전망
4. 개선해야 한다

03과 현대 과학 기술

연습문제 p.32

① 드론
② 무인 편의점
③ 가상 현실 게임
④ 길 찾기 앱

문법 😊 p.33

동사	형용사
찰리 씨가 저녁을 먹은 줄 알았어요.	알리 씨가 바쁜 줄 알았어요.
롱리 씨가 싸운 줄 알았어요.	한국에 유학생이 적은 줄 알았어요.
주하찬 씨가 우는 줄 알았어요.	그 식당 음식이 맛있는 줄 알았어요.

연습문제 p.34

1. 매운
2. 돌아간
3. 무서워하는
4. 눈이 올, 좋아하는

문법 😊 p.35

동사	동사
책을 읽곤 하다	친구를 만나곤 하다
술을 마시곤 하다	쇼핑을 하곤 하다
노래를 부르곤 하다	도서관에 가곤 하다
음악을 듣곤 하다	청소하곤 하다

연습문제 p.35

1. 사진을 찍곤 해요
2. 사용하곤 해요
3. 영상 통화를 하곤 해요
4. 기도하곤 해요

종합 연습 ▶ p.40

😊 1. 인공 지능(AI)
2. 자율 주행차
3. 무인 편의점
4. 공기 속의 먼지나 세균 따위를 걸러 내어 공기를 깨끗하게 하는 장치.
5. (사람이 일을) 실제로 보고 듣고 겪다.
6. 충분히 잘 이용하다.

😊 1. 작동하지 않아서
2. 개발했다

3. 음성
4. 끊임없이

04과 한국의 경조사

연습문제   p.43

① 조문하러
② 축의금
③ 피로연
④ 영정

문법   p.44

동사	형용사
전화를 받더니	날씨가 춥더니
열심히 공부하더니	무덥더니
한국 친구를 사귀더니	밖이 흐리더니
옷을 입더니	몸이 괜찮더니
갑자기 울더니	눈이 좋더니

연습문제   p.44

1. 텔레비전을 끄더니
2. 울더니
3. 괜찮더니
4. 공부하더니

문법   p.45

동사	형용사
화가 난 나머지	배고픈 나머지
며칠 동안 밤을 새운 나머지	기분이 나쁜 나머지
서두른 나머지	신난 나머지
스트레스를 받은 나머지	반가운 나머지
일을 너무 많이 한 나머지	고마운 나머지

연습문제   p.45

1. 배고픈 나머지

2. 서두른 나머지
3. 화가 난 나머지
4. 바쁜 나머지

종합 연습   p.51

☺ 1. 하객
   2. 장례식장
   3. 상을 당하다
   4. 아기가 태어난 지 백일 되는 날에 베푸는 잔치.
   5. 이리저리 바쁘고 수선스럽다.
   6. 결혼식에서 신랑과 신부가 평생 서로를 사랑하겠다는 약속을 하는 의식.

☺ 1. 돌잔치
   2. 치렀다
   3. 고인
   4. 효도

05과 한국의 문화유산

연습문제   p.55

1. 창덕궁
2. 유물
3. 문화유산
4. 조선 왕릉

문법   p.56

동사	형용사
얼마나 많이 먹는지 모르다	얼마나 배고픈지 모르다
얼마나 술을 많이 마셨는지 모르다	얼마나 기쁜지 모르다
얼마나 자는지 모르다	얼마나 재미있는지 모르다
얼마나 많은 친구들이 있는지 모르다	얼마나 힘든지 모르다
얼마나 우는지 모르다	얼마나 추운지 모르다

연습문제   p.56

1. 부르는지 몰라요

2. 감사한지 몰라요
3. 불편한지 몰라요
4. 좋았는지 몰라요

문법 💬   p.57

동사	형용사
많이 말하든지	좋든지
친구를 사귀든지	필요하든지
책을 읽든지	중요하든지
빨래를 하든지	덥든지
밥을 먹든지	슬프든지

연습문제   p.57

1. 넓든지 좁든지
2. 죽이 되든지 밥이 되든지
3. 술을 마시든지 많이 자든지
4. 친구를 만나든지 조깅을 하든지

종합 연습 ▶   p.63

😊 1. 자연 유산
　2. 기록 유산
　3. 유물
　4. 해가 뜸.
　5. 잘 보호하고 지켜서 남아있게 하다.
　6. 자기가 살고 있는 세대 이전의 모든 세대.

😊 1. 탐방했다
　2. 지정했다
　3. 조각상
　4. 창덕궁

06과 국제 사회

연습문제   p.66

1. 국제 분쟁
2. 문화교류를 추진하
3. 국제기구
4. 외교 관계를 맺은

문법 💬   p.67

동사	형용사
자주 가던	좋던
사용하던	친절하던
많이 마시던	작던
같이 놀던	재미있던
함께 일하던	맛있던

연습문제   p.67

1. 사용하던
2. 마시던
3. 근무하던
4. 작던

문법 💬   p.68

동사	형용사
매일 먹을 정도로	배가 아플 정도로
책을 밤새 읽을 정도로	기분이 나쁠 정도로
콘서트에 갈 정도로	지루할 정도로
잠이 올 정도로	힘들 정도로
반복해서 들을 정도로	매울 정도로

연습문제   p.68

1. 대사를 다 외울 정도로
2. 기분이 나쁠 정도로
3. 1시간을 기다릴 정도로
4. 배가 아플 정도로

종합 연습 ▶   p.75

😊 1. 인력
　2. 업무
　3. 최우선
　4. (사람이 다른 사람이나 단체를) 일정한 임무를 주어 임지로 보내다.
　5. 어떤 일이나 행동을 하기에 가장 좋은 때나 경우.
　6. 이미 어떤 사실을 듣고 배워서 알고 있는 정보.

1. 다국적 기업
2. 존중해야 한다
3. 선입견
4. 고령화

07과 질병과 증상

연습문제   p.78

1. 목이 따끔거리다
2. 속이 쓰리다
3. 다리가 붓다
4. 어지럽다

문법   p.79

동사	동사
일을 열심히 하되	운동을 하되
공부하되	밥을 먹되
친구와 놀되	옷을 입되
영화를 보되	시험을 준비하되
마스크를 쓰되	요리를 하되

연습문제   p.79

1. 시청하되
2. 술을 마시되
3. 검색을 하되
4. 최선을 다하되

문법   p.80

동사	동사
약을 먹었더니	푹 쉬었더니
열심히 공부했더니	무리했더니
밤늦게까지 놀았더니	세탁기로 옷을 빨았더니
얇은 옷을 입었더니	산책했더니
학교에 갔더니	노래를 불렀더니

연습문제   p.80

1. 소홀히 했더니
2. 불렀더니
3. 다녔더니
4. 야근했더니

종합 연습 ▶   p.85

1. 고열이 나다
2. 배가 더부룩하다
3. 성인병
4. 코(비강)에서 공기나 먼지 등이 자극을 받아 코에서 숨이 갑작스럽게 나오다.
5. 누군가에게 어떤 일을 하도록 강력히 조언하거나 추천하다.
6. 매우 배고프거나 술을 많이 마셔서 속이 좋지 않다.

1. 권했다
2. 무리했더니
3. 시달리
4. 전염되

08과 인터넷과 정보

연습문제   p.88

1. 저장해서
2. 입력해야
3. 전송했다
4. 복사했다

문법   p.89

동사	동사
책을 많이 읽는다면서요?	한국어가 어렵다면서요?
고향에 돌아간다면서요?	해외에서 인기가 많다면서요?
내년에 결혼한다면서요?	일이 바쁘다면서요?
제주도 여행을 간다면서요?	그 영화가 재미있다면서요?
다음 주에 회의가 있다면서요?	그 일이 힘들다면서요?

연습문제   p.89

1. 돌아간다면서요
2. 비싸다면서요
3. 이사했다면서요
4. 유명하다면서요

문법 🐛   p.90

동사	동사
장을 볼 겸	산책을 할 겸
한국어를 배울 겸	한국어 연습을 할 겸
친구를 만날 겸	교수님을 찾아뵐 겸
출장을 갈 겸	정보를 얻을 겸
저녁을 만들 겸	친구와 수다를 떨 겸

연습문제   p.90

1. 쇼핑도 할 겸 맛있는 식당에도 갈 겸
2. 친구들과도 놀 겸 스키도 배울 겸
3. 한국 음식도 만들 겸 취미 생활도 할 겸
4. 스트레스도 풀 겸 좋아하는 노래도 부를 겸

종합 연습 ✏   p.95

😊 1. 검색하다
   2. 손쉽다
   3. 댓글
   4. 개인의 생활 및 사적인 영역.
   5. 비밀이나 중요한 정보 등이 불법적으로 공개되다.
   6. 기억을 저장하고 유지하며 생각해 내는 능력.

😊 1. 전송했어요
   2. 익명성
   3. 단절되
   4. 의존성

09과 사고와 사건

연습문제   p.98

1. 베였어요
2. 발목을 삐어서
3. 데었어요
4. 미끄러져서

문법 🐛   p.99

동사	동사
배고파 죽을 뻔하다	버스를 놓칠 뻔하다
커피를 다 쏟을 뻔하다	교통사고가 날 뻔하다
약을 잘못 먹을 뻔하다	다리를 다칠 뻔하다
회사에 늦을 뻔하다	너무 슬퍼서 울 뻔하다

연습문제   p.99

1. 놓칠 뻔했어요
2. 부딪힐 뻔했어요
3. 울 뻔했어요
4. 넘어질 뻔했어요

문법 🐛   p.100

동사	동사
운동 부족으로 인해	교통사고로 인해
과학의 발전으로 인해	인스턴트 과다 섭취로 인해
지하철 고장으로 인해	지구 온난화로 인해
스마트폰 사용으로 인해	성인병 증가로 인해

연습문제   p.100

1. 폭설로 인해
2. 업무 스트레스로 인해
3. 인기로 인해
4. 음주운전으로 인해

종합 연습 ✏   p.107

😊 1. 빙판

2. 절도 사건
3. 가해자
4. 어떤 사건이나 사고로 인해 죽은 사람.
5. 뜨거운 물, 불, 산성 물질 등으로 인해 피부가 타고
상처가 생기다.
6. 부상 등으로 인해 상처 부위에 깁스를 씌우다.

😊 1. 부딪혔어요
2. 부상자
3. 문병
4. 뺑소니 사건

10과 올바른 언어생활

연습문제   p.110

1. 표준어(를)
2. 비속어(나)
3. 호칭(이)
4. 맞춤법(을)

문법   p.111

동사	동사
야식을 먹고 말다	사업이 망하고 말다
남자 친구와 헤어지고 말다	감기에 걸리고 말다
시험에 떨어지고 말다	컴퓨터가 고장이 나고 말다
화를 내고 말다	잠이 들고 말다
돈을 다 쓰고 말다	교통 사고가 나고 말다

연습문제   p.111

1. 떨어지고 말았어요
2. 시들고 말았어요
3. 잃어버리고 말았어요
4. 몸살이 나고 말았어요

문법   p.112

동사	동사
모르는 척하다	괜찮은 척하다

자는 척하다	아픈 척하다
집에 없는 척하다	바쁜 척하다
열심히 공부하는 척하다	맛있는 척하다
아는 척하다	귀여운 척하다

연습문제   p.112

1. 아는 척해요
2. 맛있는 척했어요
3. 바쁜 척해요
4. 없는 척했어요

종합 연습   ▶   p.117

😊 1. 맞춤법이 틀리다
2. 동문서답을 하다
3. 칼럼
4. 어떤 대안이나 의견을 내놓는 것.
5. 어떤 대상이나 상황 등이 다른 대상이나 상황에 영
향을 미치거나 그 영향을 받다.
6. 다른 사람의 잘못이나 부족한 점을 가리켜 알리다.

😊 1. 유창한
2. 혼란
3. 반영하
4. 표준어

11과 한국의 교육 제도

연습문제   p.120

1. ① 공교육
2. ③ 사교육
3. ④ 주입식 교육
4. ② 교육열

문법   p.121

명사	명사
음식조차	생각조차
먹는 것조차	친구조차

자는 것조차	청소조차
눈물조차	빨래조차

연습문제 p.121

1. 이름조차
2. 전화 한 통조차
3. 씻는 것조차
4. 듣는 것조차

문법 p.122

동사	형용사
공부하기 마련이다	피곤하기 마련이다
스트레스를 받기 마련이다	아프기 마련이다
일이 끝나기 마련이다	힘들기 마련이다
병이 나기 마련이다	슬프기 마련이다
알기 마련이다	착하기 마련이다

연습문제 p.122

1. 떨어지기 마련이다
2. 늘기 마련이다
3. 아프기 마련이다
4. 나빠지기 마련이다

종합 연습 p.129

☺ 1. 교육열
2. 무상
3. 학제
4. 교사가 학생들에게 어떤 정보나 지식을 단순히 외우게 하는 교육.
5. 대규모의 학생들에게 균일하게 교육을 제공하고 국가나 지역 사회의 교육 목표에 따라 운영하는 무상 교육.
6. 당연히 해야 할 일.

☺ 1. 자격
2. 개선해야 한다
3. 모집
4. 사교육

12과 한국의 정치

연습문제 p.133

1. ② 유권자
2. ③ 지지율
3. ④ 투표소
4. ③ 총선

문법 p.134

동사	형용사
먹나 보다	피곤한가 보다
집에 없나 보다	우울한가 보다
많이 듣나 보다	사람이 많은가 보다
좋아하나 보다	재미있는가 보다

연습문제 p.134

1. 바쁜가 봐요
2. 재미있나 봐요
3. 어려웠나 봐요
4. 무슨 일이 있나 봐요

문법 p.135

명사	명사
친구야말로	가족이야말로
건강이야말로	여행이야말로
운동이야말로	사진이야말로
공부야말로	한국어야말로

연습문제 p.135

1. 투표 참여야말로
2. 휴대폰이야말로
3. 자신감이야말로
4. 여행이야말로

종합 연습 p.145

☺ 1. 선거

2. 투표권
3. 여론
4. 선거에서 투표할 권리가 있는 사람.
5. 다음 시기.
6. 선거일 전에 미리 투표하는 것.

😊 1. 득표율
2. 리더십
3. 에 따르면
4. 앞서

개발하도록	다치지 않도록
환경을 보호하도록	누구나 볼 수 있도록
시험에 합격할 수 있도록	일찍 자도록
다양한 경험을 쌓을 수 있도록	취업에 성공하도록

연습문제 p.150

1. 사람들이 길을 잘 찾을 수 있도록
2. 다치지 않도록
3. 중간 평가에 합격할 수 있도록
4. 환경 오염이 발생하지 않도록

종합 연습 ▶ p.155

😊 1. 지구 온난화
2. 이재민
3. 폭설
4. 공기 중에 있는 유해 물질로 오염된 것.
5. 공장이나 가정에서 사용한 더러운 물로 오염된 것.
6. 화학 물질, 중금속 등이 지나치게 노출되어 토양 (땅)이 오염된 것.

😊 1. 배기가스
2. 차량 2부제
3. 이상 기후
4. 씨

13과 환경 보호와 실천

연습문제 p.148

1. 토양 오염(은)
2. 차량 2부제(는)
3. 대체 에너지(는)
4. 수질 오염(은)

문법 😊 p.149

동사	동사
공부하는 한	일을 하는 한
노력하지 않는 한	청소를 하는 한
세제를 많이 사용하는 한	특별한 일이 없는 한
술을 많이 마시는 한	사람들이 도와주는 한
야식을 많이 먹는 한	먹는 것을 줄이는 한

연습문제 p.149

1. 아껴 쓰지 않는 한
2. 술을 계속 마시는 한
3. 플라스틱을 계속 사용하는 한
4. 한국어를 배우지 않는 한

문법 😊 p.150

동사	동사
노력하도록	건강을 유지하도록

14과 생활 속 경제

연습문제 p.158

1. 물가 하락
2. 물가 상승
3. 경기 침체
4. 경기 호황

문법 😊 p.159

동사	형용사
책을 읽으므로	친절하므로
물가가 상승하므로	환율 변동이 크므로

수요가 있으므로	머리가 길므로

연습문제 p.159

1. 인상되었으므로
2. 냉방병에 걸릴 위험이 있으므로
3. 경기 불황이므로
4. 길이 미끄러우므로

문법 😮 p.160

동사	동사
빠른커녕	일자리는커녕
숙제는커녕	용돈은커녕
현금은커녕	영화는커녕
다이어트는커녕	퇴근은커녕

연습문제 p.160

1. 죽은커녕
2. 운전은커녕
3. 친구는커녕
4. 여행은커녕

종합 연습 p.167

😊 1. 소비
2. 비수기
3. 물가 불안정
4. 일상 생활에서 입는 옷의 스타일.
5. 직업이나 일자리에서 안정적으로 일하고 수입을 유지하며 일자리를 잃지 않는 상태.
6. 물건이나 서비스에 대한 필요와 요구.

😊 1. 취업률
2. 원재료
3. 긴급 수매
4. 공급

15과 준법 생활

연습문제 p.170

① 저작권법
② 주정차 금지
③ 벌금
④ 무단(으로)

문법 😮 p.171

동사	동사
자료에서 보다시피	뒤에 보다시피
앞에서 말하다시피	설명하다시피
느끼다시피	이야기하다시피
소개하다시피	짐작하다시피

연습문제 p.171

1. 소개했다시피
2. 알다시피
3. 보셨다시피
4. 말했다시피

문법 😮 p.172

동사	동사
성공하는 법이다	잘 듣는 법이다
벌금을 내는 법이다	기회를 잡는 법이다
법규를 지켜야 하는 법이다	처벌을 받는 법이다
공부를 해야 하는 법이다	변하는 법이다
찾는 법이다	아는 법이다

연습문제 p.172

1. 살이 찌는 법이다
2. 실력이 느는 법이다
3. 건강해지는 법이다
4. 처벌을 받는 법이다

<table>
<tr><td>종합 연습 ▶</td><td>p.177</td></tr>
</table>

😊 1. 저작권법
   2. 응급실
   3. 검거율
   4. 다른 사람의 집에 사전에 허락을 받지 않고 강제로 들어가는 것.
   5. 공공장소나 도시 내에서 쓰레기를 마음대로 버리는 행위.
   6. 경찰이나 다른 공공기관에 어떤 사건이나 범죄가 발생했음을 알리기 위해 전화로 신고하는 것.

😊 1. 헬멧
   2. 벌금/범칙금
   3. 함부로
   4. 폭력

16과 이민 생활의 꿈

<table>
<tr><td>연습문제</td><td>p.180</td></tr>
</table>

1. 그때그때
2. 막막해요
3. 차별 대우(를)
4. 극복하면서

 문법 p.181

동사	형용사
비가 올지도 모르다	날씨가 좋을지도 모르다
집에 없을지도 모르다	영화가 재미없을지도 모르다
김치를 못 먹을지도 모르다	날씨가 추울지도 모르다
음식을 만들지도 모르다	일이 힘들지도 모르다

<table>
<tr><td>연습문제</td><td>p. 181</td></tr>
</table>

1. 없어질지도 몰라요
2. 알고 있을지도 몰라요
3. 맛있을지도 몰라요
4. 비가 올지도 몰라요

 문법 p.182

동사	동사
한국 사람치고	드라마치고
새 집치고	겨울 날씨치고
신입 사원치고	커피치고
중고 책치고	영화 배우치고

<table>
<tr><td>연습문제</td><td>p.183</td></tr>
</table>

1. 공포 영화치고
2. 강남에 있는 식당치고
3. 한국 사람치고
4. 여름치고

<table>
<tr><td>종합 연습 ▶</td><td>p.188</td></tr>
</table>

😊 1. 수료식
   2. 자기 계발
   3. 새내기
   4. 다른 사람들이 모르는 자신만의 방법이나 해결책.
   5. 어떤 일에 대해 생각하고 느낀 것을 말하는 것.
   6. 문화를 세계적으로 알리는 사람.

😊 1. 마음먹은
   2. 모시면서
   3. 취득할 거예요
   4. 그때그때

쓰기 쑥쑥

1) 원고지 쓰기 기본 규칙 p.190

연습문제

1.

처	음		한	국	에		왔	을		때	에	는		한	국		음	식
도		입	에		안		맞	고		한	국	어	도		잘		몰	라서
힘	들	었	지	만		지	금	은		많	이		익	숙	해	졌	다	.

2.

우	리		고	향	에	서	는		겨	울	에		얼	음		축	제	가
열	리	는	데		많	은		관	광	객	들	이		방	문	한	다	.

2) 원고지 숫자 쓰기 p.192

연습문제

1.

지	난		10	월	,		관	광	객		20	0	명		이	상	이		국
제		행	사	장	을		방	문	했	다	.								

2.

20	23	년		4	월	부	터		지	하	철		요	금	이		1,	25	0
원	에	서		1,	55	0	원	으	로		인	상	될		예	정	이	다	.

3) 원고지에 알파벳 쓰기 p.193

연습문제

1.

U	N	E	S	C	O		U	N		A	S	I	A					

2.

K	-	P	op		D	r	a	ma		L	iv	e						

4) 원고지에 문어체 쓰기

(1)-❶ 동사 현재형 p.194

연습문제

1.

나	는		자	기		전	에		책	을		읽	는	다	.			

2.

집	에	서		학	교	까	지		1	시	간	쯤		걸	린	다	.	

(1)-❷ 동사 과거형 p.195

연습문제

1.

처	음	에	는		남	편	에	게	서		한	국	어	를		배	웠	다	.

2.

어	머	니		생	신		때		어	머	니	께		선	물	을		드
렸	다	.																

(1)-❸ 동사 미래형 p.196

연습문제

1.

고	향	에		돌	아	가	면		고	향		음	식	을		많	이	
먹	을		것	이	다	.												

2.

내	년	에		친	구	와		유	럽		여	행	을		할		것	이
다	.																	

(2)-❶ 형용사 현재형 p.196

연습문제

1.

한	국	어	를		잘	하	려	면		복	습	이		중	요	하	다	.

2.

그		대	선		후	보	는		지	지	율	이		높	다	.		

(2)-❷ 형용사 과거형 p.197

연습문제

1.

한	국		문	화	를		잘		몰	라	서		한	국		회	사	
생	활	이		힘	들	었	다	.										

2.

크	리	스	마	스		때		친	구	들	에	게		많	은		선	물
을		받	아	서		기	뻤	다	.									

(2)-❸ 형용사 미래형   p.198

연습문제

1.

| | 중간 | 평가가 | 많이 | 어려울 | 것이다. | |

2.

| | 한국어와 | 한국 | 문화를 | 공부하지 | 않으 |
| 면 | 한국 | 생활이 | 힘들 | 것이다. | |

(3)-❶ 명사 현재형   p.199

연습문제

1.

| | 나는 | 영어 | 선생님이다. | |

2.

| | 내 | 고향은 | 알마티이다. | |

(3)-❷ 명사 과거형   p.199

연습문제

1.

| | 나는 | 10년 | 전에 | 고향에서 | 유명한 | 요 |
| 리사였다. | |

2.

| | 어제는 | 더운 | 날씨였다. | |

(3)-❸ 명사 미래형   p.200

연습문제

1.

| | 쿤상 | 씨가 | 이번 | 시험에서 | 1등일 | 것 |
| 이다. | |

2.

| | 이 | 시험은 | 귀화용 | 종합평가일 | 것이다. |

KIIP
사회통합 프로그램
한국어
한국문화
어휘&
문법집 중급2

초판인쇄	2023년 7월 20일
초판발행	2023년 8월 1일

저자	정유진
책임편집	양승주, 권이준, 김아영
펴낸이	엄태상
디자인	공소라
조판	이서영
콘텐츠 제작	김선웅, 장형진, 조현준
마케팅	이승욱, 왕성석, 노원준, 조성민, 이선민
경영기획	조성근, 최성훈, 구희정, 김다미, 최수진, 오희연
물류	정종진, 윤덕현, 신승진, 구윤주

펴낸곳	한글파크
주소	서울시 종로구 자하문로 300 시사빌딩
주문 및 교재 문의	1588-1582
팩스	0502-989-9592
홈페이지	http://www.sisabooks.com
이메일	book_korean@sisadream.com
등록일자	2000년 8월 17일
등록번호	1-2718호

ISBN	979-11-6734-041-2 13710